Silerot Loemba

Ce qu'ils ont dit à propos de ce que nous chérissons le plus

© 2019, Silerot Loemba

Edition : BoD - Books on Demand
12/14 rond-point des Champs Elysées
75008 Paris
Imprimé par BoD – Books on Demand, Norderstedt, Allemagne
ISBN : 978-2-322171453
Dépôt légal : avril 2019

INTRODUCTION

Nous les aimons et nous passons toute notre vie à les désirer, à les rechercher et, lorsque nous les avons, nous n'osons plus nous en séparer. Car c'est la raison même de notre existence. Leur recherche en vaut la peine, car ils nous créent, ils nous identifient, nous transforment, nous déterminent, nous mettent en valeur, nous distinguent, nous positionnent, nous influencent, nous enthousiasment et nous gouvernent. Dans leur quête permanente, nous avons tenté de les définir à notre manière. Par amour pour eux, nous leur avons trouvé des synonymes nationalement acceptés. Par affection pour eux, nous leur avons découvert des appellations propres à nous-mêmes. Par intérêt pour eux, nous leur avons attribué des dénominations pour les reconnaître et les chérir. Nous les chérissons tellement que, parfois, nous voulons savoir comment ils ont été perçus et définis par les hommes et les femmes que nous estimons, ces hommes et ces femmes qui ont apporté leur contribution dans l'histoire. Assurément, leur nombre est trop grand pour que nous les citions tous ici. Et pourtant, voici ce que quelques-uns d'entre eux ont dit à propos de ce que nous aimons le plus.

1- DIEU ET L'AMOUR

«Dieu est amour» L'apôtre Jean

«Dieu n'est pas l'éternité, il n'est pas l'infini, mais il est éternel et infini. Il n'est ni la durée ni l'espace, mais il a existé de tout temps et sa présence est partout.» Sir Isaac Newton

«Dieu régit tout, non pas comme l'âme du monde, mais comme souverain absolu de tout ce qui existe. Et c'est à raison de cette puissance sans bornes que Dieu fut appelé maître universel ou Pantocrator.» Sir Isaac Newton

«Dieu, qui connaît le mieux les capacités des hommes, cache ses mystères aux sages et aux prudents de ce monde, et les révèle aux petits enfants.» Sir Isaac Newton

«Il est difficile de chasser Dieu tout à fait. Toujours il revient humblement déguisé sous un nom ou sous un autre, et sous le nom que nous avons choisi, il se fait aimer sans qu'on le sache.
Sir Isaac Newton ; Ecrits sur la religion

«J'arrive à comprendre qu'il soit possible de regarder la terre et d'être athée ; mais je ne comprends pas qu'on puisse lever, la nuit, les yeux sur le ciel et dire qu'il n'y a pas de Dieu.» Le président Abraham Lincoln

«Ma préoccupation n'est pas de savoir si Dieu est de notre côté; ma plus grande préoccupation est d'être du côté de Dieu, car Dieu a toujours raison.» Le président Abraham Lincoln

«Si Dieu est pour nous, qui sera contre nous?»
L'apôtre Paul

«Dieu doit aimer les gens ordinaires; il en fait tellement.» Le président Abraham Lincoln

«Dieu a les deux bras étendus. L'un est assez fort pour entourer de justice, l'autre assez doux pour nous entourer de grâce.» Martin Luther King

«Avant de parler par Moïse et par Jésus-Christ, Dieu a parlé une première fois à tous les hommes à travers le cosmos et la conscience.» Le prêtre Jean Daniélou

«Si je n'ai pas l'amour, je ne suis rien.»
L'apôtre Paul

«Il n'y a pas de plus grand amour que de donner sa vie pour ses amis» L'apôtre Jean

«Celui qui aime vit dans un monde d'amour.» Ken Keyes fils

«Aimer, c'est aller à la rencontre des besoins.» Notes bibliques.

«Aimez-vous les uns les autres comme je vous aimés.»
L'apôtre Jean

«L'amour est l'unique révolution qui ne trahit pas l'homme.»
Jean Paul II

«L'amour est la plus grande force magnétique de l'univers.» Florence scovel Shinn

«Il n' y a pas d'amour sans responsabilité.» Le pape Jean Paul II

«Toute existence tire sa valeur de la qualité de l'amour: Dis-moi quel est ton amour et je te dirai qui tu es.» Le pape Jean Paul II

«Si tu juges les gens, tu n'as pas le temps pour les aimer.»
Mère Teresa

«Le monde est né de l'amour, il est soutenu par l'amour, il va vers l'amour et il entre dans l'amour.»
Le docteur de l'église et évêque Saint François de Sales

«La mesure de l'amour, c'est d'aimer sans mesure.» Le théologien Saint Augustin D'Hippone

«Quand l'amour grandit en toi, la beauté fait de même. Car l'amour est la beauté de l'âme.»
Le docteur Saint Augustin d'Hippone

«L'amour est la perfection de l'esprit, et la charité est la perfection de l'amour.» Saint François De Sales

«L'amour apporte la personne aux gens.»
Martin Luther

«La race humaine doit sortir des conflits en rejetant la vengeance, l'agression et l'esprit de revanche. Le moyen d'en sortir est l'amour.» Martin Luther King

«Le véritable amour, solide, durable, est celui qui cherche le bonheur des autres en même temps que son propre bonheur.» Sœur Emmanuelle

«L'amour, c'est ce complément d'être que je donne, mais tel que l'autre le désire, et non pas tel que je l'imagine.» Sœur Emmanuelle

«Quand on aime sérieusement, on respecte la personne qu'on aime, et l'on se garde de l'offenser.»
Jules Sandeau (Catherine, 1845)

«Seul l'amour peut garder quelqu'un vivant.»
Oscar Wilde

«Partout où il y a de l'amour, c'est le paradis.» Oscar Wilde
Laure Conan; L'obscure souffrance (1919)

«L'amour est le consolateur de la société.»
Pierre Choderlos de Laclos ; De l'éducation des femmes (1783)

«L'amour est l'union de deux faiblesses, mais l'une des deux prend la responsabilité du destin commun.» Jacques de Bourbon Busset

«L'amour véritable commence là où tu n'attends plus rien en retour.» Antoine de Saint-Exupéry ; Terre des hommes (1938)

«L'amour est un baume qui guérit, par la générosité et la complaisance, tous les conflits.»
Pierre-Joseph Bernard ; Le petit livre sur l'amour (1856)

«Le fruit de l'Esprit, c'est l'amour» L'apôtre Paul; Lettre de l'apôtre Paul aux Galates

«Aimer, c'est savoir dire je t'aime sans parler.»
Victor Hugo

2- LA VIE ET LE BONHEUR

«La vie n'est qu'un souffle»
Le psalmiste

«La vie est dure mais elle est tellement belle.»
Le président Abraham Lincoln

«La vie est dans le chemin de la justice.» Le roi Salomon

«Si tu ignores ce pourquoi tu vis, c'est que tu n'as pas encore vécu.» Le Rabbin Noa'h Weinberg, de mémoire bénie

«La vie prend sa source dans l'amour. Si vous voulez être vivant, aimez!» Auteur anonyme

«La vie est déjà très courte, et nous l'abrégeons par notre légèreté et par nos dérèglements.»
La marquise de Lambert; Le traité de la vieillesse (1732)

«La vie est une entreprise passionnante et la plus excitante quand elle est vécue pour d'autres»
Helen Keller

«Le bonheur est en Dieu, qui le communique aux siens et, pour ces derniers, il consiste dans la jouissance de la personne et de la présence du Seigneur» Auteur Anonyme

«Le bonheur de chaque personne est de sa propre responsabilité.» Le président Abraham Lincoln

«Le bonheur ne consiste ni dans la gloire ni dans la puissance, ni dans la richesse, mais seulement dans la paix de la conscience et la soumission à Dieu.» L'écrivain et avocat Pamphile Lemay

«Le bonheur ne dépend pas des conditions extérieures, il est régi par notre état d'esprit.» Dale Carnegie

«Le bonheur, c'est de continuer à désirer ce qu'on possède.» Saint Augustin d'Hippone

«N'oublie pas que le bonheur ne dépend pas de qui tu es ou ce que tu as; il dépend uniquement de ce que tu penses.»
 Dale Carnegie

«Un seul bonheur existe dans la vie: aimer et être aimé.»
George Sand

«On ne possède pas le bonheur comme une acquisition définitive. Il s'agit à chaque instant de faire jaillir une étincelle de joie. Ne l'oublions pas: Souris au monde et le monde te sourira.
 Soeur Emmanuelle

«Le bonheur ne s'acquiert pas, il ne réside pas dans les apparences, chacun d'entre nous le construit à chaque instant de sa vie avec son cœur.» Proverbe Africain

«Tout le bonheur du monde est dans l'inattendu.» Jean D'Ormesson

«Le secret du bonheur est de vivre instant après instant et de remercier le Seigneur de tout ce qu'il nous donne jour après jour dans sa grande bonté.» Sainte Gianna Beretta Molla

3- LE MARIAGE ET LA FAMILLE

«Le mariage est une convention sociale par laquelle deux individus de sexe différent mettent en commun les plaisirs aussi bien que les douleurs inséparables de leur existence. Ils s'allient l'un à l'autre pour mieux résister à cet inexorable destin qui semble poursuivre l'humanité sur la route pénible de la vie.»
Jean-Louis Alibert ; La physiologie des passions (1825)

«A quoi servirait-il de gagner le monde entier et de perdre ma famille?» John C. Maxwell

«Si nous voulons avoir des familles solides et des mariages sains, nous devons travailler dur pour les créer» John C. Maxwell

«La présence de ce qu'on aime console de tout, même de sa froideur.» Adolphe Ricard; L'amour, les femmes et le mariage (1857)

«Il n'y a rien de plus adorable, tendre et charmante relation que celle d'un bon mariage.» Martin Luther

«Vous pouvez bâtir un foyer sur le roc de la fidélité.»
Le pape Jean Paul II

«Il vaut mieux se marier que de brûler.» Saint Paul

«Comme la famille va, ainsi va la nation et ainsi va le monde entier dans le lequel nous vivons.» Le pape Jean Paul II

«Une femme qu'on aime est toute une famille.» Victor Hugo ; Tables tournantes de Jersey (1853)

«Si un homme veut vraiment communiquer avec son épouse, il doit entrer dans son monde des émotions.» Gary Smalley

«Aimez la personne que vous épousez plutôt que ses biens.» William de Britaine ; La prudence humaine (1689)

«Le mariage est comme un voyage en mer, qui monte sur le vaisseau doit s'attendre à être exposé quelquefois aux orages et aux tempêtes.» William de Britaine ; La prudence humaine (1689)

«Si tu veux rencontrer une princesse, fais de toi un prince.» Le Rabbin Dov Heller,

«Il est une autre richesse que celle de l'or ou de l'argent, c'est l'amour de sa famille.» Maxalexis; Une famille en or (1996)

«Un ami peut vous aimer pour votre intelligence, une maîtresse pour votre charme, mais une famille vous aime sans raison, parce que vous êtes né en elle, et morceau de sa chair.»
André Maurois ; Sentiments et coutumes (1934)

«Vouloir rendre un autre heureux, voilà le principe sentimental du mariage.» Henri-Frédéric Amiel; Journal intime, le 30 octobre 1860.

«La famille c'est une richesse incroyable, ça donne des outils pour pouvoir affronter les moments extraordinaires, les moments plus difficiles, les hauts, les bas.» Céline Dion

4- L'ÉDUCATION, LA RECONNAISSANCE ET LE TALENT

«Après le pain, l'éducation est le premier besoin du peuple.» L' avocat Georges Danton

«L'éducation est l'arme la plus puissante qu'on puisse utiliser pour changer le monde.» Le président Nelson Mandela

«J'appelle éducation positive, ce qui tend à former l'esprit avant l'âge, et à donner à l'enfant la connaissance des devoirs de l'homme.» Jean Jacques Rousseau

«L'éducation c'est la famille qui la donne; l'instruction, c'est l'État qui la doit.» Victor Hugo

«Si vous trouver que l'éducation coûte cher, essayez l'ignorance.» Abraham Lincoln

«Le secret de l'éducation réside dans le respect de l'élève.» Le philosophe et poète Ralph Waldo Emerson

«L' éducation est plus qu'un métier, c'est une mission, qui consiste à aider chaque personne à reconnaître ce qu'elle a d'irremplaçable et d'unique, afin qu'elle grandisse et s'épanouisse.»
Le Pape Jean Paul II

«Une bonne éducation est le plus grand bien que vous puissiez laisser à vos enfants.»
Laurent Bordelon; La belle éducation (1694)

«Une éducation, qui ne consulte jamais les aptitudes et les besoins de chacun, ne produit que des idiots.»
George Sand; Lettres retrouvées, Hier et aujourd'hui (1848)

«Un homme poli est celui qui a reçu une bonne éducation.»
Jean-Baptiste Banchard; L'école des mœurs (1772)

«Toute la vie humaine n'est qu'une longue éducation.»
Jacques-Henri Bernardin de Saint-Pierre; Le discours sur l'éducation des femmes (1777)

«L'éducation est à l'âme ce que la propreté est au corps.»
Louis-Philippe de Ségur ; Les pensées et maximes (1823)

«L'éducation donne le désir de s'instruire.»
Sosthène de La Rochefoucauld-Doudeauville ; Le livre des pensées (1861)

«L'éducation modifie, elle corrige. L'éducation améliore les bons, elle fortifie les faibles.» Alexandre Dumas, fils ; L'homme-femme (1872)

«L'éducation seule peut faire jouir pleinement des avantages de la richesse.» Pierre-Claude-Victor Boiste; Le dictionnaire universel (1800)

«Les éducations ne s'achèvent pas en un jour.»
Victor Cherbuliez ; Une gageure (1890)

«Le fruit le plus agréable et le plus utile au monde est la reconnaissance.» Ménandre

«L'amitié la plus vraie entre âmes nobles est celle qui a pour nœud le lien respectable des bienfaits et de la reconnaissance.» François-Rodolphe Weiss ; Les principes philosophiques et moraux (1785)

«La reconnaissance attire de nouveaux bienfaits, tandis que l'ingratitude les éloigne.» Joseph Michel Antoine Servan ; Extrait d'un portefeuille (1807

«La reconnaissance est un devoir qu'il faut rendre, mais non pas un droit qu'on puisse exiger.» Jean-Jacques Rousseau ; Esprit, maximes et principes (1764)

«La reconnaissance est la mémoire du cœur.»
L'écrivain Poète Hans Christian Andersen(1805-1875)

«L'ingratitude attire les reproches, comme la reconnaissance attire de nouveaux bienfaits.»
L'artiste et écrivaine Madame De Sévigné (1626-1696)

«Toute vraie connaissance de Dieu commence par la reconnaissance du fait qu'il est caché.» Karl Barth

«Le plaisir des bons cœurs, c'est la reconnaissance.» Jean-François De La Harpe

«La reconnaissance de la plupart des hommes n'est qu'une secrète envie de recevoir de plus grands bienfaits.» L'artiste et écrivain François De La Rochefoucauld

«La meilleure manière de montrer notre gratitude envers Dieu et envers les gens, c'est d'accepter tout avec joie.» Sainte Mère Teresa de Calcutta

«Dieu aime à voir les enfants s'empresser et se plaire à témoigner avec usure leur profonde reconnaissance à leurs parents dont ils ont reçu le double bienfait de la naissance et de l'éducation : il regarde, au contraire, comme une détestable impiété le mépris et l'abandon des parents. Aussi nous est-il défendu de faire aucun mal à autrui, mais il serait injuste et impie de ne pas toujours dire et toujours faire ce qui peut réjouir un père ou une mère.»
L'administrateur et pédagogue Ambroise Rendu; Le traité de morale (1834)

«La vraie reconnaissance a quelque chose de céleste; elle est non seulement une vertu du cœur, mais un triomphe sur l'orgueil.» Alfred Auguste Pilavoine ; Les pensées, mélanges et poésies (1845)

«La reconnaissance est un noble et digne salaire pour les âmes généreuses.» William Shakespeare ; Titus Andronicus (1589)

«La reconnaissance est un fruit qui ne peut être produit que par l'arbre de la bienveillance.» Le Diplomate Axel Oxenstiern ; Les réflexions et maximes (1645)

«Le propre d'un grand cœur est de ne pas attendre de reconnaissance des bienfaits dont il comble les autres.» Axel Oxenstiern ; Les réflexions et maximes (1645)

«La reconnaissance est un devoir, non seulement à l'égard de nos parents qui sont nos premiers et nos plus grands bienfaiteurs, mais aussi à l'égard de tous ceux qui nous ont fait du bien. On se couvre d'ignominie quand on y manque.»
Jean Baptiste Blanchard; Les maximes de l'honnête homme (1772)

«La reconnaissance n'habite pas dans les âmes où l'ingratitude domine.» Goswin de Stassart

«La reconnaissance est un devoir que les ingrats manquent souvent à l'égard de leur bienfaiteur.»
Charles Gobinet; L'instruction de la jeunesse (1665)

«Le talent a besoin de gestion.» André Siegfried

«Le grand talent accepte les critiques.» Martin Karmitz; Les Inrocks – 31 juillet 2002

«Le talent est un titre de responsabilité.» Charles de Gaulle

«Les grands talents sont les plus beaux moyens de conciliation entre les hommes.» Johann Wolfgang von Goethe ; Les maximes et réflexions (1749-1832)

«Hommes à talents, estimez-vous ce que vous valez ; mais ne méprisez jamais celui qui n'a pas reçu les mêmes avantages de la nature. Il peut vous être permis d'avoir de la fierté, mais non de l'orgueil.» Jean-Claude Delamétherie; De l'homme considéré moralement (1802)

«Tous les biens sont périssables excepté les talents et la vertu.» Antoine Claude Gabriel Jobert ; Le trésor de pensées (1852)

«Le talent est un don, une chose isolée ; il se peut rencontrer avec les autres facultés mentales, il peut en être séparé.» François-Réné de Chateaubriand ; Mémoires d'outre-tombe (1848)

«Tâche d'acquérir le plus de talents possible. ça fait passer le temps agréablement, et ça peut servir.» Gustave Flaubert; Lettre à sa nièce Caroline, le 24 janvier 1862.

«Le talent dirige le caractère, et le caractère fait valoir le talent.» Antoine de Rivarol ; De l'homme intellectuel et moral (1797)

«Les personnes à talent qui ont une grande réputation doivent éviter de se montrer souvent dans le monde. Une foule de personnes qui ne les connaissent que par leurs ouvrages se figurent qu'elles ont quelque chose d'extraordinaire, et lorsqu'en société elles les voient agir comme tout le monde, si elles ne perdent pas une partie de leur estime pour elles, elle prend au moins un autre caractère.» Constance de Théis ; Les pensées diverses (1835)

«Le vrai talent et la vraie modestie s'accompagnent l'un l'autre, comme la force et la santé.» Joseph Michel Antoine Servan ; Extrait d'un portefeuille (1807)

«Quelque talent que l'on ait, on ne fait jamais bien une chose que l'on n'aime pas faire.» Constance de Théis ; Les pensées diverses (1835)

«Les talents, c'est Dieu qui les donne à qui lui plaît.» Charles Pinot Duclos; L'histoire de la baronne de Luz (1741)

«Les talents sont encore plus rares que la naissance et les richesses ; et sans doute ils sont aussi de plus grands biens, puisque rien ne peut les ôter, et que partout ils nous concilient l'estime publique.» Jacques-Henri Bernardin de Saint-Pierre

«La culture est une aristocratie, le talent est un privilège.» Henri-Frédéric Amiel, Journal intime, le 12 juin 1876.

5- LE RESPECT, LA POLITESSE ET LA CONSIDÉRATION

«Traitez chacun avec autant de courtoisie et respect que si c'était un invité de marque.» Donald Dubesing

«Ce qui compte dans le respect c'est que vous devez le manifester aux autres même avant qu'ils aient fait quoi que ce soit pour le mériter, simplement parce que ce sont les êtres humains.» John C. Maxwell

«Si vous traitez chaque personne que vous rencontrez comme si elle était la plus importante au monde vous lui communiquerez ainsi qu'elle est importante pour vous.» John C. Maxwell

«La plupart des gens seront prêts, à faire n'importe quoi si vous les traitez avec respect.» John C. Maxwell

«Le respect est la première règle d'une bonne conduite.» La philanthrope Anne Barratin

«La véritable politesse consiste à marquer de la bienveillance aux hommes.» Jean Jacques Rousseau

«La politesse coûte peu et achète tout.» Michèle de Montaigne

«Il existe une politesse du cœur; elle est parente de l'amour. C'est d'elle que naissent les manières les plus aisés de la société.» Johann Wolfgang von Goethe

«La politesse est la fille du savoir-vivre, de la délicatesse et du respect.» La marquise de Lambert; Les réflexions nouvelles sur les femmes (1727)

«La politesse est une imitation de l'honnêteté, et qui présente l'homme au-dehors, tel qu'il devrait être au-dedans: elle se montre en tout, dans l'air, dans le langage et dans les actions.»
La marquise de Lambert

«Il faut toujours préférer la considération à la célébrité.» Charles-Jean Baptiste Bonnin ; La doctrine sociale (1820)

«Une considération bien méritée est la première fortune de l'homme.» Jean-Louis Albert ; La physiologie des passions (1825)

«Celui qui aime les hommes, les hommes l'aiment; celui qui respecte les hommes, les hommes le respectent.» Proverbes chinois

«Imaginer un monde meilleur, c'est affirmer que rien n'est plus important que de manifester sa considération pour l'autre.» Le scientifique et médecin Axel Kahn

«Considérons-nous les uns les autres afin de nous exciter à la charité et aux bonnes oeuvres.» Saint Paul ; Epitre aux Hébreux

«Si tu veux qu'on te considère comme juste, suis le chemin tracé.» Proverbe Cambodgien

«La considération est l'hommage rendu à une vie tenue pour irréprochable.» Henri-Frédéric Amiel

6- LA LIBERTÉ ET LA JOIE

«Vous connaîtrez la vérité, et la vérité vous rendra libres.» L'apôtre Jean

«Si donc le Fils vous affranchit, vous serez réellement libres.»L'apôtre Jean

«Si vous voulez rendre l'homme capable de liberté, qu'il soit instruit.» Alphonse de Lamartine sur la Politique rationnelle (1831)

«La liberté d'aimer est le même droit que la liberté de penser ; l'un répond au cœur, l'autre à l'esprit ; ce sont les deux faces de la liberté de conscience.»Victor Hugo

«Il n'y a point de liberté sans lois.» Jean-Jacques Rousseau; Lettre écrite de la montagne (1764)

«La liberté est un don de Dieu, et nul ne peut y porter atteinte sans s'exposer à sa colère.» Le président Thomas Jefferson; Les observations sur la Virginie (1786)

«La liberté ne peut nous affranchir ni de l'obéissance aux lois, ni des devoirs envers la société.»
Charles-Albert Demoustier ; Le cours de morale (1804)

«La liberté de chacun a pour limite la liberté des autres.» Alphonse Karr; L'art d'être malheureux

«La liberté n'est pas la vérité, mais elle est le chemin le plus droit et le plus court qui y mène.» Emile de Girardin

«La lecture est le premier instrument de la liberté et elle est la première chose à défendre.»
 Christian Oster

«La liberté réelle, cordiale, douce, humaine, c'est le devoir dans l'affection.» Henri-Fréderic Amiel; Journal intime, le 12 juillet 1852

«La liberté, fille du travail, se développe par l'épargne.»
Émile de Girardin ; Les pensées et maximes (1867)

«Un cœur joyeux peut guérir une maladie, mais la tristesse fait perdre des forces.» Les Proverbes

«Restez toujours joyeux.» Saint Paul

«Le jour où la joie des autres devient ta joie, le jour où leur leur souffrance devient ta souffrance, tu peux dire que tu les aimes.» Michel Quoist

«La joie profonde du cœur est une boussole qui nous indique le chemin de la vie.»
Mère Térésa

«La joie est un fruit de l'Esprit Saint.»
L'apôtre Paul ; Lettre aux Galates

«La joie s'acquiert. Elle est une attitude. Être joyeux n'est pas une facilité, c'est une volonté.»
Gaston Courtois

«La joie est une forme de fraternité avec la vie.»
Jean Gastaldi

7- LA RELATION ET L'AMITIÉ

«Le sens le plus profond de la vie ne se trouve pas dans les réalisations, mais dans les relations.» Gary Chapman

«Entrer en relation avec l'autre, c'est tenter de créer un lien de réciprocité fait de l'expression individuelle de chacun (incluant l'écoute de soi) et de l'autre.» Jacques Salomé; Oser travailler heureux (1999)

«Il n'y a pas de société s'il n'y a pas de relation.» Jiddu Krishnamurti; La nature de la pensée (2006)

«L'ami aime en tout temps, et dans le malheur il se montre un frère.» Le livre des Proverbes

«La seule façon d'avoir un ami est d'en être un.» Le philosophe et poète Ralph Waldo Emerson

« Les amis tels que nous les désirons sont des rêves et des fables.» Le philosophe et poète Ralph Waldo Émersion

«Tu peux te faire plus d'amis en deux mois si tu t'intéresses aux autres qu'en deux ans si tu attends que les autres s'intéressent à toi.» L'écrivain Dale Carnegie

«L'ami et moi cela fait deux corps et un cœur. S'appuyer l'un sur l'autre et s'entraider, c'est la raison d'être de l'amitié.» Matteo Ricci

«Si tu rencontres un ami fidèle, garde-le; tu n'en trouveras pas aisément un autre.» Les proverbes du peuple arabe (1803)

«Un ami fidèle est un véritable trésor, son prix est inestimable.» William de Britaine; La prudence humaine (1689)

«Dans l'amitié il n'est point de salut sans fidélité.» André Maurois; Sentiments et coutumes (1934)

«Un ami fidèle n'a pas de prix, on ne saurait en estimer la valeur.» Citation de Bible; L'Ecclésiastique

«Si tu te fais de nouveaux amis, n'oublie pas les anciens.» Érasme ; Adages (1508)

«L'amitié ne s'attache qu'aux gens sincères, car ceux-là seuls sont dignes d'être aimés.» La marquise de Lambert; Le traité de l'amitié (1732)

«La récompense de l'amour vertueux, c'est l'amitié.» La marquise de Lambert; Le traité de la vieillesse (1732)

«L'amitié a ses peines ainsi que ses joies, mais elle est toujours douce.» Charles-Jean Baptiste Bonnin ; La doctrine sociale (1820)

«Le temps balaye les faux amis et confirme les vrais.» Auteur Anonyme

«Une amitié qui dure et ne vieillit pas c'est quelque chose d'extraordinaire.»
Émilie Carles, Une soupe aux herbes sauvages

8- LE TRAVAIL ET L'APPRENTISSAGE

«Tout travail procure l'abondance, mais les paroles en l'air ne mènent qu'à la disette.» Le roi Salomon; Le livre des Proverbes

«Si quelqu'un ne veut pas travailler, qu'il ne mange pas non plus.» Saint Paul

«Chaque être humain que je rencontre est, d'une certaine façon, supérieur à moi et peut m'apprendre quelque chose» Le poète et philosophe Ralph Waldo Emerson

«Les hommes parlent de la victoire comme d'une chance. C'est le travail qui fait la victoire.» Le poète et philosophe Ralph Waldo Emerson

«Si vous croyez en ce que vous faites, alors que rien ne vous tient dans votre travail. Une grande partie de la meilleure œuvre du monde a été faite contre les impossibilités apparentes. L'essentiel est d'achever le travail.» Dale Carnegie.

«Le travail est une voie à la vertu.» Charles-Jean Baptiste Bonnin ; La doctrine sociale (1820)

«Le salut est gratuit, mais l'apprentissage exigera votre existence toute entière» Dietrich Bonhoeffer

«La vie est un éternel apprentissage. On apprend chaque jour.» Henri-Frédéric Amiel ; Les fragments d'un journal intime (1852)

«Chaque jour, l'homme doit apprendre du nouveau, chaque jour il doit se perfectionner.» Jules Payot ; La morale à l'école (1908)

«Écoute plus que tu ne parles; cherche à apprendre plutôt qu'à vouloir enseigner.» Henri-Frédéric Amiel; Journal intime, le 16 novembre 1848.

«Quiconque cesse d'apprendre est vieux, qu'il ait vingt ans ou quatre-vingts. Quiconque continue à apprendre reste jeune.» Henri Ford

«C'est ce que nous pensons déjà connaître qui nous empêche souvent d'apprendre.» Le médecin physiologiste Claude Bernard

«Volonté, ordre, temps: tels sont les éléments de l'art d'apprendre.» Antoine François Prévost

«L'apprentissage est un trésor qui suivra son propriétaire partout.» Proverbes Chinois

«Ce que tu refuses d'apprendre dans le calme, la vie te l'apprendra dans les larmes.» Auteur anonyme

«On apprend peu par la victoire, mais beaucoup par la défaite.» Proverbe Japonais

«La meilleure des choses est d'apprendre. L'argent peut être perdu ou volé, la santé et la force faire défaut, mais ce que vous avez appris est votre à jamais.»
Louis l'Amour

9- LA RÉUSSITE, LE SUCCÈS

«Le succès est la somme des petits efforts, répétés jour après jour.» Leo Robert Collier

«J'ai réussi aujourd'hui parce qu'un jour un ami a cru en moi et je n'ai pas eu le cœur de laisser tomber.» Le président Abraham Lincoln

«Le succès ou la réussite personnelle consiste à : 1-savoir quel est votre but dans la vie ; 2-réaliser pleinement votre potentiel ; 3-semer des graines dont les autres pourront profiter.»
John C. Maxwell

«Le grand secret du succès, c'est de vivre comme un homme qui s'épuise jamais.» Albert Schweitzer

«Le succès n'est pas la clé du bonheur. Le bonheur est la clé du succès. Si vous aimez ce que vous faites vous réussirez.»
Albert Schweitzer

«Développer le succès des échecs. Le découragement et l'échec sont deux des étapes du succès.» Dale Carnegie

«Vous ne connaîtrez jamais le succès sauf si vous aimez ce que vous faites.» Dale Carnegie

«Le chemin vers la réussite passe par l'apprentissage continu de nouvelles connaissances.» Napoléon Hill

«Pour réussir dans ce monde qui change, vous devez saisir l'esprit des grands personnages du passé, dont les rêves ont donné à la civilisation tout ce qu'elle a de précieux.» Napoléon Hill

«J'ai remarqué que les gens qui réussissent le mieux prennent de l'avance pendant que les autres perdent leur temps.» Henry Ford

« Les gens qui réussissent ont plus de problèmes que ceux qui échouent. Quand on a du succès, on doit faire face à des emplois du temps plus chargés, se soucier davantage de l'argent, et répondre à de plus grandes exigences.» John C. Maxwell

«En aidant les autres à réussir, on assure notre propre succès.» William A. Feather

«Une grande part de mon succès est attribuable à ma capacité de me convaincre que je peux réussir quelque chose, même si je n'y connais rien.» *Anthony Robbins*

«Le secret du succès est de faire de ta vocation tes vacances.» Mark Twain

«Le succès dans la vie ne peut pas être atteint si ce n'est à travers un effort coopératif, harmonieux et pacifique. Il ne peut non plus être atteint seul ou indépendamment.» Napoléon Hill

«La meilleure façon de connaître le succès, c'est de commencer à grandir dès aujourd'hui. Quelque soit votre point de départ, ne vous laissez pas allez au découragement; tous ceux qui ont réussi ont commencé quelque part.» John C Maxwell

«Le secret du succès se trouve dans votre emploi du temps quotidien.» John C. Maxwell

10- L'INTÉGRITÉ ET LA RÉPUTATION

«Je serai attentif à la voie des hommes intègres.»
Le roi david; Le règne d'un roi intègre; Le livres des Psaumes

«La réputation, c'est ce que les hommes disent de vous sur votre tombe. Le sens moral, c'est ce que les anges disent de vous devant le Trône de Dieu.» William Hersey Davis

«L'intégrité est cruciale pour la réussite personnelle ou le succès en affaires.» John C. Maxwell

«L'intégrité se mesure dans les petites choses.»
John C. Maxwell

«L'intégrité est votre meilleure amie.»
John C. Maxwell

«La grandeur d'un homme ne se mesure pas à la richesse qu'il acquiert mais à son intégrité et à sa capacité à affecter positivement les gens autour de lui.»
l'auteur compositeur et interprète Bob Marley

«La meilleure arme de persuasion que tu possèdes dans ton arsenal est l'intégrité.»
L'homme d'affaire et conférencier Zig Ziglar

«Une personne intègre influence les gens parce qu'elle désire rendre service et non pas en retirer quelque chose pour elle.»
John C. Maxwell

«Si je veille à rester intègre, ma réputation se fera toute seule.»
D.L. Moody

«Qui marche dans l'intégrité marche avec assurance, mais celui qui prend des voies tortueuses sera découvert.»
  Le roi Salomon; Le livre des Proverbes

«Une bonne réputation vaut mieux que le bon parfum.»
Proverbe de Salomon ; Le livre des proverbes

«L'intégrité engendre la crédibilité»
Wayne Cheng

«La bonne réputation est un collier de perles.»
Proverbes arménien

«La bonne réputation est préférable aux grandes richesses.»
Le roi Salomon; Le livre des proverbes

«La mort engloutit l'homme, elle n'engloutit pas son nom et sa réputation.»
Proverbe africain

11- LA COMMUNICATION ET L'HONNÊTETÉ

«Tout problème résulte d'une rupture de communication.»
Marc Roussel

«Communiquer c'est exprimer et écouter, c'est s'exprimer et laisser l'autre s'exprimer, s'écouter soi, écouter l'autre et souvent s'assurer que l'on s'est bien écoutés mutuellement.»
Thomas d'Ansembourg, *Cessez d'être gentil soyez vrai : Être avec les autres en restant soi-même*

«La qualité de notre communication est déterminée non par la manière dont nous disons les choses, mais par la manière dont elles sont comprises.»
Andrew Grove

«Il faudra beaucoup plus d'ordina-coeurs que d'ordinateurs dans la communication de demain.»
Jacques Séguéla

«L'âme de la communication est le regard; certains mots ne sont bons qu'à lui crever les yeux.»
Richard Lewy

«C'est la qualité de la communication verbale et non verbale qui nourrira l'amour, qui amplifiera les rêves et donnera aux désirs leur puissance et leur ampleur.»
Jacques Salomé; *Eloge d'un couple*

«Communiquer, c'est accepter de partager nos différences.»
Jacques Salomé

«L'amitié se nourrit de communication.»
Michel de Montaigne, Essais

«Dans la communication, le plus compliqué n'est ni le message, ni la technique, mais le récepteur.» Le sociologue Dominique Wolton

«La communication est une science difficile. Ce n'est pas une science exacte. Ça s'apprend et ça se cultive.» Jean-Luc Lagardère

«Au lieu d'une incapacité quelconque à communiquer, il y a en chacun de nous un mouvement intérieur qui cherche délibérément à esquiver la communication.»
L'artiste et écrivain Harold Pinter (1630-2008)

«C'est par l'humilité qu'on aborde les hommes, c'est par l'esprit qu'on les pénètre, et c'est par la bonté qu'on les gagne et qu'on les conserve. Mais ces conditions ne sont pas suffisantes, il faut encore que les communications soient réciproques.»
François Dominique de Reynaud de Montlosier; Les mystères de la vie humaine (1829)

«La vie, c'est la communication de proche en proche.»
Victor Hugo; Proses philosophiques, La mer et le vent (1860-1865)

«Nos communications, pour avoir de la valeur, doivent d'abord être sincères, c'est là leur premier caractère. Si elles ont ensuite de la modestie dans leurs formes, et de la bonté dans leur objet, ce second caractère en augmentera le prix.»
François Dominique de Reynaud de Montlosier; Les mystères de la vie humaine (1829)

«La communication est la base de toute relation.»
La sagesse populaire; Le recueil d'apophtegmes et axiomes (1855)

«La communication est la base de tout enrichissement.» La sagesse populaire; Le recueil d'apophtegmes et axiomes (1855)

«La communication est santé ; la communication est vérité ; la communication est bonheur. Partager est notre devoir ; plonger courageusement et ramener à la lumière ces pensées cachées qui sont les plus malades ; ne rien dissimuler, ne rien prétendre ; si nous sommes ignorants, l'avouer ; si nous aimons nos amis, le leur faire savoir.» Virginia Woolf; Les essais choisis (2015)

«Le premier devoir qui commande est celui de l'honnêteté.» L'architecte Napoléon Bourassa; Jacques et Marie

«L'honnêteté est la clef des relations humaines. Si vous pouvez la feindre, vous êtes tranquille.» L'acteur Richard Jeni

«L'honnêteté n'est pas un habit des dimanches, mais un vêtements de tous les jours.» Tristan Bernard; Le poil civil

«L'honnêteté est le premier devoir du professeur. Sinon, les connaissances aussi vastes soient-elles ne valent rien.» Zhang Xianliang; Mimosa

«L'honnêteté, la sincérité, la simplicité, l'humilité, la générosité, l'absence de vanité, la capacité à servir les autres-qualités à la portée de toutes les âmes-sont les véritables fondations de notre vie spirituelle» Nelson Mandela; Conversations avec soi-même

«La compagnie des honnêtes gens est un trésor.» Benjamin Delessert; Le guide du bonheur (1839

«Une femme honnête est celle que l'on craint de compromettre.» Honoré de Balzac; La physiologie du mariage (1829)

«Un honnête homme est celui qui respecte la foi jurée et le bien d'autrui.» Victor Cherbuliez; La bête (1887)

«L'homme véritablement honnête ne vante pas sa probité.» Pierre-Claude-Victor Boiste; Le dictionnaire universel (1800)

«Il est une suprême dignité qui par elle-même ne donne point de rang, c'est celle qui résulte de la qualité d'honnête homme.» Stanislas Leszczynski; Le philosophe bienfaisant (1764)

«L'honnêteté est la plus noble des vertus.» Samuel Ferdinand-Lop ; Les nouvelles pensées et maximes (1970)

«Que l'honnêteté et le travail soient toujours tes compagnons.» Benjamin Franklin; Les essais de morale et d'économie politique (1826)

«Rends les honnêtetés qu'on te fait, et sois toujours reconnaissant des faveurs que tu auras reçues.» William Penn; Les fruits de l'amour d'un père (1790)

«Il n'y a d'honnêteté que dans un cœur pur.» Sophie Cottin ; Claire d'Albe (1798)

«L'honnêteté est la qualité au monde la plus aimable.» Chevalier de Méré ; De la honnêteté

12- LA FORCE ET LA PUISSANCE

«La force appartient à Dieu»
Le roi David; le livre des Psaumes

«La force ne fait pas le droit.»
Jean-Jacques Rousseau; Du contrat social (1762)

«La force est un géant qui a trois bras : Le courage, la persévérance et la patience.»
Laurent-Pierre de Jussieu ; Simon de Nantua (1829)

«La force, c'est le courage ; l'intelligence, c'est la foi ; la beauté, c'est l'amour.»
Madame de Girardin ; Les lettres parisiennes, le 25 mars 1841

«La connaissance est en elle-même puissance.»
Francis Bacon; Méditations religieuses

«Le calme est la puissance des forts.»
Anne Barratin; De toutes les paroisses (1913)

«La puissance du Créateur étonne, sa justice intimide, mais son inépuisable bonté rassure, elle est adorable.»
Jean-Louis Moré; Le petit livre pour le premier âge (1840)

«Où est la pensée, là est la puissance.»
De Victor Hugo/William Shakespeare

«La fraternité bannit la volonté de puissance, et le service la tentation du pouvoir.» Jean-Paul II

«La force de ceux qui aiment apaise même les tourments, la tendresse des femmes recèle tant de puissance.» De Innokenti Annenski; Ma nostalgie

«Les miracles n'ont pour l'objet que de témoigner de la toute-puissance de Dieu.» Edouardo Mendoza; L'île enchantée

«Toute puissance inique est de courte durée.»
Le roi Salomon; L Ecclésiaste

«L'homme puissant qui connaît la compassion est une félicité publique.» Proverbe latin; Proverbia latina (1908)

«Le calme est la puissance des forts.»
Proverbe juif; Les proverbes de la sagesse juive (2015)

«Tout homme se croit puissant, mais seul Dieu est infaillible.»
Proverbe turc; Mille et un proverbes turcs (1878)

«Tout homme puissant trouve un jour ou l'autre un homme plus puissant que lui.»
Proverbe Mauritanien ; Les contes et proverbes mauritaniens (1962)

13- L'AIDE ET LE SERVICE

«Il n'y a pas de plus noble tâche au monde que de soutenir un autre être humain, d'aider quelqu'un à réussir.» Alan Loy McGinnis

«Dieu aide aux laborieux.»
Proverbe allemand; Le dictionnaire des proverbes allemands (1863)

«Tout le monde peut accomplir de grandes choses...parce que tout le monde peut servir. Vous n'avez pas besoin d'un diplôme universitaire pour servir. Vous n'avez pas besoin d'accorder le verbe avec le sujet pour servir. Vous avez simplement besoin d'un cœur plein de grâce. D'une âme régénérée par l'amour.»
Martin Luther King

«Tout le monde peut être important car tout le monde peut servir à quelque chose.» Martin Luther King

«Une des plus belles compensations de la vie, c'est qu'on ne peut sincèrement essayer d'aider quelqu'un sans s'aider soi-même.»
Le philosophe et poète Ralph Waldo Emerson

«À qui se lève matin, Dieu donne l'aide et la main.»
Proverbe français; Les sentences et proverbes (1892)

«Qui ne veut de conseils ne mérite point d'aide.»
Proverbe latin; Les proverbes et dictons latins (1757)

«Si tu ne t'aides pas toi-même, le bon Dieu ne t'aidera pas non plus.»
Proverbe slovaque; Ma vie de femme tsigane en Slovaquie (2000)

«En s'aidant entre eux, les fils combattent le lion.»
Proverbe éthiopien; Les proverbes et adages abyssins (1907

«Quand les parents s'entraident, le malheur ne peut pas les atteindre.»
Proverbe éthiopien; Les proverbes et adages abyssins (1907)

«Rendre service aux autres c'est se rendre service à soi-même.»
Proverbe Chinois

«Un homme qui ne demande jamais de service à personne finit par se faire la réputation d'un homme qui n'en rend pas.»
L'artiste Sacha Guitry (1885-1957)

«La main trop courte pour rendre service l'est aussi pour atteindre aux places élevées.»
Proverbe égyptien

«La fraternité bannit la volonté de puissance, et le service la tentation du pouvoir.»
Jean-Paul II

14- LA CONFIANCE ET L' APPRÉCIATION

«Lorsque vos paroles et vos actes correspondent, les gens savent qu'ils peuvent vous faire confiance.» John C. Maxwell

«Si vous avez confiance en vous-mêmes, vous inspirez confiance aux autres.»
Johann Wolfgang von Goethe

«La confiance se cultive, se gagne par nos actions, mais cela prend du temps»
Ursula Le Guin

«La confiance s'acquiert, elle ne se demande pas: qui la mérite n'a pas besoin de la demander.»
Emile de Girardin ; Les pensées et maximes (1867)

«Pour gagner la confiance d'un homme, soit fidèle à ta parole.»
Maria Edgeworth ; Bélinde (1802)

«La confiance ne se commande pas, la confiance se mérite.»
Henri-Frédéric Amiel; Journal intime, le 8 juillet 1868.

«La confiance est une des possibilités divines de l'homme.»
Henry de Montherlant

«L'instruction engendre la confiance en soi.»
Jules payot ; Aux instituteurs & institutrices (1904

«Mieux vaut espérer dans le Seigneur et ne point mettre son espoir dans les hommes.»
Le docteur de l'Église Jean Chrysostome; Les homélies, discours et lettres choisies (1785)

«Dans chaque personne, du berceau au tombeau, il y a un profond désir d'être apprécié.»
Le psychologue William James

«Le contact, c'est l'appréciation des différences.»
Fritz Perls

«Si vous voulez être apprécié des autres, bannissez de chez vous l'artifice, la ruse et les détours.»
Jean Baptiste Blanchard; Les maximes de l'honnête homme (1772)

«On n'apprécie bien que ce qu'on a perdu.»
Le philanthrope Eugène Marbeau; Les remarques et pensées (1901)

«Pour être apprécié dans ce monde, il faut y porter de la bonhomie et de la simplicité.»
Félicité de Genlis; Le dictionnaire critique et raisonné (1818)

«Les honnêtes gens savent toujours apprécier les services qu'on leur rend.» Plaute ; Le Persan

«Qui veut être apprécié doit vaincre sa défiance et se montrer tel qu'il est véritablement.»
Henri-Frédéric Amiel ; Les fragments d'un journal intime (1852)

15- LA GRANDEUR ET LE POUVOIR

«Les leaders sont grands non pas de par leur pouvoir, mais de par leur aptitude à tonifier les autres.» John C. Maxwell

«Tout homme porte en lui les germes de la grandeur.» John C. Maxwell

«On devient grand par la bonté de Dieu»
Le roi David; le livre du prophète Samuel

«La vraie grandeur consiste à être maître de soi-même.» Daniel Defoe ; Robinson Crusoë

«Les grands hommes ne naissent pas dans la grandeur, ils grandissent.»Mario Puzo ; Le parrain

«La grandeur d'un homme est comme sa réputation: elle vit et respire sur les lèvres d'autrui.»
Antoine de Rivarol

«La véritable grandeur d'un homme ne se mesure pas à des moments où il est à son aise, mais lorsqu'il traverse une période de controverses et de défis.» Martin Luther King

«Presque toujours, la responsabilité confère à l'homme de la grandeur.» Stefan Zweig

«La grandeur des chefs n'est pas dans leur personne, mais dans la mesure où ils servent la grandeur de leur peuple.»
José Marti

«Ni l'or ni la grandeur ne nous rendent heureux.»
L'artiste et Conteur Jean De La Fontaine

«La force morale d'un individu face à l'adversité est la véritable mesure de la grandeur d'un homme.» Germaine de Staël ; Les réflexions sur le suicide (1813)

«La simplicité sacre la grandeur.»
Anne Barratin; De toutes les paroisses (1913)

«Je n'ai pas besoin de paysages grandioses pour louer la grandeur de Dieu, parce que je crois qu'elle est dans les choses humbles.» Christian Bobin; La lumière du monde (2001)

«Rends la grandeur aimable, si tu es grand.»
Anne Barratin; De toutes les paroisses (1913)

«C'est le cœur qui fait notre grandeur ou notre bassesse, le cœur est tout l'homme.»
Alfred Auguste Pilavoine ; Les pensées, mélanges et poésies (1845)

«La véritable grandeur ne se trouve que dans la modération, la justice, la modestie et l'humanité.»
Jean-Baptiste Massillon ; Les maximes et pensées (1742)

«Un imbécile est trop petit pour comprendre la grandeur de Dieu.» Alphonse Karr; Une heure trop tard (1833)

«Un homme sage et bon ne peut manquer de paraître ou d'être grand et heureux ; mais celui qui est fou et vicieux ne saurait prétendre ni à la grandeur ni au bonheur, quelque richesse que vous lui laissiez en héritage.» John Loccke; les pensées sur l'éducation

«Le bonheur de la grandeur, c'est lorsque les autres trouvent leur fortune dans la nôtre.»
Anne-Thérèse de Marguenat de Courcelles ; L'avis d'une mère à son fils (1726)

«Plus tu as de pouvoir, moins tu dois en user.»
Proverbe latin

«Tout pouvoir dure peu, le roi mourra demain.»
Le roi Salomon L'Ecclésiastique

«Ne donne point l'épée au fou, ni le pouvoir à l'injuste.»
Proverbe grec; Le dictionnaire des proverbes et dictons grec (1980)

«Le pouvoir a plus besoin des conseils des sages que les sages de la faveur du pouvoir.»
Proverbe iranien; Mille et un proverbes de l'Iran (1969)

«Le vrai pouvoir, c'est la connaissance.» Francis Bacon

«Où l'homme voit finir son pouvoir, Dieu commence.»
Théodore de Banville ; Les cariatides

«Le plus digne du pouvoir est celui qui en connaît la responsabilité.» Sosthène de La Rochefoucauld-Doudeauville ; Le livre des pensées (1861

«Au pouvoir de Dieu rien n'est impossible.»
Michel de Cervantès ; Don Quichotte, II, 1 (1605)

«Presque tous les hommes peuvent faire face à l'adversité; mais si vous voulez tester la capacité de quelqu'un, donnez-lui le pouvoir.» Le Président Abraham Lincoln

«Tout pouvoir relève d'un pouvoir supérieur.»
Sénèque; Thyestes - Vers 60 ap. J.-C.

«Un pouvoir inique ne peut subsister longtemps.»
Citation de Sénèque; Médée - env. 60 ap. J.-C.

«Le bon pouvoir est l'administration saine et prudente de l'injustice.» Albert Camus ; Les carnets III (1951 / 1959)

«L'homme est insatiable de pouvoir: il est infini dans ses désirs, et toujours mécontent de ce qu'il a.» Joseph de Maistre; Étude sur la souveraineté (1794)

«La raison est trop faible contre le pouvoir de l'amour.»
Axel Oxenstiern ; Les réflexions sur la raison (1652)

«Où est le pouvoir de contraindre, l'amour n'est pas.»
Henri Gougaud ; Bélibaste

16- LE CŒUR ET LA DOUCEUR

«Le cœur est un abîme et Dieu seul l'a sondé.» Le roi Salomon; L'Ecclésiaste

«Mon fils, si ton cœur est sage, mon cœur à moi sera dans la joie.» Le roi Salomon; Les Proverbes

«Peu importe que vous ayez du style, une réputation, ou de l'argent, si vous n'avez pas bon cœur, vous ne valez rien.»
Louis de Funès

«C'est le cœur et non le corps qui rend l'union inaltérable.» Publilius Syrus

«Vous valez ce que vaut votre cœur.»
Le pape Jean Paul II

«On ne voit bien qu'avec le cœur. L'essentiel est invisible pour les yeux.» Antoine de Saint-Exupéry

«La beauté du cœur est plus belle que celle du visage.» Proverbes français; Les proverbes et dictons communs (1611)

«Paroles du cœur vont au cœur.»
Proverbes arabe; Les proverbes et adages du peuple arabe (1803)

«Le doux parler ramollit souvent les cœurs les plus durs.» Proverbe basque; Les anciens proverbes basques et gascons (1845)

«Un cœur droit est le premier organe de la vérité.»
Proverbe français; Le recueil d'apophtegmes et axiomes (1855)

«On ne saurait trouver sur terre rien de meilleur qu'un cœur fidèle.»
Proverbe danois; Les proverbes et adages du Danemark (1956)

«Ce qui vient du cœur va au cœur.»
Proverbe allemand; Le dictionnaire des proverbes et dictons allemands (1980)

«Le cœur seul sait parler au cœur.»
Proverbe français; Le dictionnaire des proverbes français (1749)

«Allégresse de cœur fait beau visage.»
Proverbe français; Les proverbes et dictons communs (1611)

«Les yeux sont le miroir (fenêtre) du cœur.»
Proverbe anglais; Les proverbes traduits en anglais (1882)

«L'homme de cœur est respecté.»
Proverbe breton; Les proverbes bretons traduits en français (1998)

«Près d'un cœur vertueux il fait bon vivre.»
Proverbe grec; Les proverbes et pensées grecques (1812)

«L'homme juge du cœur par les paroles, et Dieu des paroles par le cœur.» Le roi Salomon; Les Proverbes

«La douceur c'est la plénitude de la force.»
Alphonse Gratry

«Si vous montrez aux gens combien ils vous intéressent et que vous leur posez des question avec douceur, vous serez surpris de tout ce qu'ils vous diront.» John C. Maxwell

«Une réponse douce rompt la colère, la parole dure excite la fureur.» Le roi Salomon; Les Proverbes

«Il n'y a rien de plus fort au monde que la douceur.»
Han Suyin

«La douceur envers soi est la source de toute politesse.» Marcel Jouhandeau; Réflexions sur la vieillesse et la mort

«La beauté plaît aux yeux, la douceur charme l'âme.» Voltaire

«La plus grande douceur de la vie, c'est d'admirer ce qu'on aime.» Laure Conan; A l'oeuvre et à l'épreuve

«La douceur supporte les défauts et les mauvais procédés du prochain pour l'attirer par ces égards, à la connaissance et à l'amour de Dieu.» Vincent de Paul; Les maximes spirituelles (posthume, 1576)

«La douceur fait les délices de la société, et les charmes de la conversation.»
Jean Baptiste Blanchard; Les maximes de l'honnête homme (1772)

«La douceur est le sel des bonnes mœurs et des belles qualités.» Proverbe de l'Orient ; L'Orient en maximes et proverbes (1909)

«La douceur du ton et des manières ont un ascendant imperceptible auquel on ne résiste pas.»
Madeleine de Puisieux ; Les caractères (1751)

«Je mets la douceur au nombre des premières vertus sociales, elle est la plus belle de toutes les qualités, elle caractérise et embellit par ses charmes toutes les autres : la douceur prévient toujours en faveur de celui qui la possède, c'est un aimant qui attire vers lui tous les cœurs. Plus un homme est doux, moins on s'aperçoit de ses défauts, plus son contact plaît, plus ses manières sont appréciées. Que serait la société sans douceur? Elle lui doit tous ses agréments ; sans elle la beauté perd la moitié de ses droits aux hommages des hommes, c'est la douceur enfin qui commence et resserre entre deux cœurs les nœuds précieux de l'amitié et de l'amour.»
David Augustin de Brueys; Les amusements de la raison (1721)

«Jeune homme, vous qui avez un caractère dur ou violent, imitez l'homme doux et complaisant. N'épargnez rien pour acquérir la douceur de l'esprit et des manières. Quoi qu'elle coûte, on ne l'achète jamais trop cher: les avantages qui la suivent sont d'un prix inestimable. La parole douce acquiert beaucoup d'amis et adoucit les ennemis. Montrez de la douceur dans tout ce que vous faites, et vous serez plus aimé que si vous faisiez les actions les plus éclatantes.»
Jean Baptiste Blanchard; Les maximes de l'honnête homme (1772)

«La parole douce multiplie les amis, et apaise les ennemis.»
Le roi Salomon; L' Ecclésiaste

17- L'HÉRITAGE, L'AVENIR

«Le meilleur héritage est toujours l'instruction.»
Justin Lefebvre/ Jean Rhobin

«Le véritable héritage que Dieu nous a laissé c'est le Saint Esprit et les promesses divines qui se trouvent dans la Bible.»
Auteur anonyme

«Un métier bien appris vaut mieux qu'un gros héritage.»
Proverbe français

«C'est parfois l'homme le plus pauvre qui laisse à ses enfants l'héritage le plus riche.» Ronald Ross

«L'éducation est la meilleure part de l'héritage qu'un père laissera à son fils.» John Locke; Les pensées sur l'éducation (1693)

«Pour l'âme honnête une bonne réputation est le meilleur héritage.» Proverbe latin; Proverbia latina

«Promesse de grands n'est pas héritage.» Proverbe français

«Car nous savons que notre héritage multiple est une force, et non pas une faiblesse.» Le président Barack Obama

«La meilleure façon de prédire votre avenir est de le créer.» Le président Abraham Lincoln

«L'avenir, c'est connaître le Christ et vivre pour Christ»
Auteur Anonyme

«Les portes de l'avenir sont ouvertes à ceux qui savent les pousser.» Coluche

«Le passé appartient aux ancêtres, l'avenir appartient à Dieu, seul le présent t'appartient.» Proverbe Malgache

«Non l'avenir n'est à personne! Sire, l'avenir est à Dieu! A chaque fois que l'heure sonne, Tout ici-bas nous dit adieu. L'artiste, écrivain, poète et romancier Victor Hugo (1802-1885)

«Parce qu'un homme sans mémoire est un homme sans vie, un peuple sans mémoire est un peuple sans avenir.» Le Maréchal Ferdinand Foch (1851-1929)

«L'avenir est une porte, le passé en est la clé» Victor Hugo

«L'important n'est pas ce que l'avenir nous réserve, mais ce que nous faisons du présent.» Grégoire Lacroix; Les euphorismes de Grégoire (2006)

«Pour ce qui est de l'avenir, il ne s'agit pas de le prévoir, mais le rendre possible.» Antoine de Saint-Exupéry

«L'avenir n'est à personne, l'avenir est à Dieu.»
Victor Hugo; Les chants du crépuscule, Napoléon II - Août 1832

«Il ne faut jamais se fier à l'avenir.»
Proverbe lituanien; Le dictionnaire des proverbes et dictons lituaniens (1980)

18- LA RICHESSE ET L'INFLUENCE

«Veux-tu poursuivre du regard ce qui va disparaître? Car la richesse se fait des ailes, Et comme l'aigle, elle prend son vol vers les cieux.» Le roi Salomon; Le Livre des Proverbes

«Car la richesse ne dure pas toujours, Ni une couronne éternellement.» Le roi Salomon; Le Livre des Proverbes

«Celui qui se confie dans ses richesses tombera, Mais les justes verdiront comme le feuillage.»
Le roi Salomon; Le Livre des Proverbes

«Le fruit de l'humilité, de la crainte de l'Éternel, C'est la richesse, la gloire et la vie.» Le roi Salomon; Le Livre des Proverbes

«La richesse mal acquise, s'évanouit.» La Bible

«Évalue ta richesse à l'importance de ce que tu donnes.» L'écrivain, poète et médecin Georges Duhmamel

«C'est le cœur qui témoigne de la richesse d'un homme. Il est pauvre ou riche non selon ce qu'il possède mais selon qui il est.» Henry Ward Beecher

«Il n'y a rien comme d'être mal portant pour apprécier la vie ! Il faut souffrir pour comprendre; et comprendre, n'est-ce pas la plus grande richesse?» L'artiste et écrivaine Gabrielle Roy(1909-1983)

«Aimer, c'est trouver de la richesse dans ce qui ne s'achète pas.» Auteur Anonyme

«La richesse peut venir à nous, mais c'est à nous d'aller vers la sagesse.» Edward young

«Pour avoir de l'influence, vous devez aimez les gens avant de vouloir les diriger.»
John C. Maxwell

«Le secret pour influencer les autres n'est pas tellement de savoir bien parler mais de savoir bien écouter.» Dale Carnegie

«On a le droit de juger un homme à l'influence qu'il exerce sur ses amis. » Oscar Wilde

«Influencer quelqu'un c'est lui donner son âme.» Oscar Wilde ; Le portrait de Dorian Gray (1891)

«Ne soyez pas influencé par l'importance de l'écrivain. Ne demandez pas: Qui a dit ça? Mais faites attention à ce qui a été dit.» Thomas A'Kempis

«Qu'importent les avis des indifférents, ou les remontrances de ceux qui ne cherchent pas même à nous comprendre? Nous ne pouvons être influencés que par ceux qui nous aiment. Les paroles des autres résonnent à nos oreilles comme la grêle sur les toits, sans y pénétrer.»
Henri-Frédéric Amiel; Journal intime, le 10 septembre 1856.

«La véritable puissance, dans ce monde, ce n'est pas l'autorité, c'est l'influence.»
Alexandre Vinet; L'indifférentisme religieux (1833)

19- L'ÉCOUTE ET ÊTRE HEUREUX

«Le premier devoir de l'amour, c'est d'écouter.» Le philosophe et théologien Paul Tillich

«Les grands leaders monopolisent l'écoute. Les petits leaders monopolisent la parole.»
David Schwartz

«Peu importe qui vous soyez aujourd'hui, vous aurez besoin d'une qualité avant toutes les autres, plus importante que le talent, le discernement et le charme. C'est la qualité que tous les grands leaders s'accordent à trouver indispensable pour être en mesure d'influencer autrui et avoir du succès. Vous avez deviné? C'est la capacité d'écoute.» John C.Maxwell

«Apprendre à écouter les autres, c'est apprendre à s'écouter soi-même.» Jean Gastaldi; La pensée positive, 115 (2001)

«Écoute avant de parler, mâche avant d'avaler»
Proverbe éthiopien

«Mieux vaut écouter la semonce du sage qu'écouter le chant du fou.» Le roi Salomon; L'Ecclésiaste

«On reconnaît un oiseau en écoutant son chant, on reconnaît un homme en écoutant ce qu'il dit.» Proverbe chinois

«Celui qui sait écouter deviendra celui qu'on écoute.»
Vizir Ptahhotep

«Qui parle sème ; qui écoute récolte.» Pythagore

«Le commencement de bien vivre, c'est de bien écouter.»
Plutarque ; Comment écouter

«Il faut être un grand homme pour bien écouter les autres.»
Le président Calvin Coolidge

«Sage est le juge qui écoute et qui tard juge.»
Proverbe français

«Qui écoute médire est lui-même du nombre des médisants.»
Proverbe oriental

«Quand nous cessons d'écouter, nous cessons d'aimer.»
Michel Bouthot; Chemins parsemés d'immortelles pensées

«Parler à un homme de lui-même, il vous écoutera pendant des heures.» Benjamin Disraeli

«Le pouvoir de l'écoute est plus puissant que le pouvoir de parler.»
Proverbe juif; Petites étincelles de sagesse juive (2007)

«Pour être heureux, il faut penser aux bonheur d'un autre.»
Gaston Bachelard

«Le bonheur est une décision que nous prenons d'être heureux quoi qu'il arrive.»
Le biographe, romancier et écrivain André Maurois (1885-1967)

«Les gens heureux n'ont pas besoin de beaucoup pour être heureux.» Phil Bosmans

«Quand on a le secret d'être heureux, il ne faut pas le garder.»
Jean-Jacques de Lingrée ; Les réflexions, pensées et maximes (1814)

«La meilleure façon d'être heureux et d'avoir le bonheur dans la vie, c'est de donner le bonheur aux autres... c'est le secret.»
Henri Salvador ; La joie de vivre (2011)

«Le sage sait être heureux en se contentant de peu ; le fou, en dissipant des trésors immenses, ne sait que trouver le malheur.»
Pierre-Jules Stahl ; Les pensées et réflexions diverses (1841)

«Pour être heureux, il n'est pas nécessaire d'être, comme beaucoup le croient, admiré et estimé par un grand nombre d'hommes. Mais il est indispensable d'être estimé par ceux qui vous entourent.»
André Maurois ; Sentiments et coutumes (1934)

«Le plus heureux des hommes est celui qui croît l'être.»
Charles Pinot Duclos; Recueil de ces messieurs (1745)

«Être heureux, c'est prendre conscience qu'il existe des malheureux plus malheureux que soi.»
Stanislas Leszczynski; Le philosophe bienfaisant (1764)

«Pour être heureux, il faut d'abord être content de soi, et si possible, contenter les autres.»
Joseph Droz; L'essai sur l'art d'être heureux (1806)

«Le plaisir des grands est de pouvoir faire des heureux.»
Blaise Pascal ; Les pensées (1670)

«On n'est heureux dans la vieillesse que lorsqu'on s'est bien conduit dans sa jeunesse.»
Félicité de Genlis ; Les pensées et maximes détachées (1801)

«Rendre heureux autrui, c'est se faire un paradis dans son propre cœur.»
Henri-Frédéric Amiel ; Journal intime, le 15 janvier 1864.

«Pour être heureux en ce monde, il ne faut jamais attendre tout ce qu'on croit mériter.»
Pauline de Meulan; Les conseils de morale (1828)

«L'homme le plus heureux en ce monde est celui qui sait modérer ses désirs, supporter les malheurs sans murmure, et la prospérité sans orgueil.»
Sosthène de La Rochefoucauld-Doudeauville ; Le livre des pensées (1861

«Le bonheur des grands cœurs est de rendre heureux.»
Henri-Frédéric Amiel ; Les fragments d'un journal intime (1821-1881)

«Le plus heureux des hommes est celui qui sait jouir de ce qu'il a.» Stanislas Leszczynski; Le philosophe bienfaisant (1764)

20- L'HOMME ET LA FEMME

«L'homme est emprisonné par sa conscience.» Le philosophe et poète Ralph Waldo Emerson

«L'homme est la perfection de l'univers.» Saint François De Sales

«L'avenir de l'homme, c'est la femme. Elle est la couleur de son âme.» Louis Aragon ; Le fou d'Elsa (1963)

«Celui qui aime sa femme s'aime lui-même.»
Saint Paul

«La voie royale au cœur de l'homme est de lui parler des choses qu'il chérit le plus» Dale Carnégie

«Un homme de qualité ne peut être aimable sans la libéralité.» La marquise de Lambert ; L'avis d'une mère à son fils (1726)

«Le vin est fort, le roi est plus fort, les femmes le sont plus encore.» Martin Luther King

«L'homme ne devient homme que par l'intelligence, mais il n'est homme que par le cœur.»
L'homme-Frédéric Amiel; Journal intime, le 16 juin 1851.

«L'homme ne devient homme que parmi les hommes.»
Johann Fichte; Le Monde de l'éducation - Juillet - Août 2001

«L'homme a besoin de:
1-La satisfaction sexuelle
2-L'accompagnement récréatif: que sa femme développe un intérêt pour les activités récréatives qu'il apprécie le plus et essaie de devenir bonne en les pratiquant. Une partenaire de jeu favorite
3-Une épouse attrayante: Il est attiré vers elle en privé et fier d'elle en public.
4-Le support domestique: elle crée un foyer qui lui offre un refuge du stress de la vie.
5-L'admiration: elle le comprend et l'apprécie plus que quiconque.» Les cinq besoins fondamentaux de l'homme ;
Auteur Anonyme

«L'homme n'est homme que par sa coexistence avec les autres hommes.» Pierre-Simon Ballanche ; Antigone (1813)

«Les plus grands besoins de l'homme sont : 1) se sentir respecté et admiré, 2) être aimé et désiré, et 3) jouir d'une intimité sexuelle fréquente et continue.»
L'expert en relation, le docteur Gary Smalley

«L'homme est pleinement homme dans le citoyen.»
Marcel Gauchet ; La religion dans la démocratie

«La valeur d'un homme tient dans sa capacité à donner et non dans sa capacité à recevoir.»
Le mathématicien, physicien et scientifique Albert Einstein (1879 - 1955)

«L'homme humble ne juge jamais les autres.»
Félicité Robert de Lamennais ; Les pensées diverses (1839)

«On ne naît pas homme, on le devient»
Érasme

«L'homme est le chemin de Dieu pour la femme.»
Costanza Miriano

«L'expression qu'une femme porte sur son visage est beaucoup plus importante que les vêtements qu'elle porte sur son dos.»
Dale Carnegie

«Ce dont la femme a besoin, c'est de la tendresse, de la gentillesse, non de dureté et pas de remontrances.» Gary Smalley

«Les femmes aiment les compliments.»
Gary Smalley

«Ce n'est point l'éclat de l'or, ni le brillant des diamants et des émeraudes, ni la magnificence de la pourpre, qui embellissent une femme, c'est sa discrétion, son humilité, et surtout sa modestie.»
William de Britaine ; La prudence humaine (1689)

«Les quatre plus grands besoins de la femme sont : 1) la sécurité émotionnelle et physique, 2) une communication sérieuse fréquente, des touchers non sexuels et 4) des moments romantiques.
L'expert en relation, le docteur Gary Smalley

«La femme est un autre soi-même et un ami, non un meuble de ménage.» Charles-Jean Baptiste Bonnin ; La doctrine sociale (1820)

«La femme est généralement plus intuitive que l'homme.»
Samuel Ferdinand-Lop ; Les nouvelles pensées et maximes (1970)

«La femme qui manque de douceur a manqué sa vocation.»
Anne Barratin; De toutes les paroisses (1913)

«Une femme attend d'un homme qu'il l'écoute.
Une femme attend d'homme qu'il soit autonome, qu'il assume et qu'il prenne des initiatives.
Une femme attend d'un homme qu'il participe à l'éducation des enfants.
Une femme attend d'un homme qu'il l'a fasse rire.
Une femme attend d'un homme de la prévenance, de l'attention, et de la délicatesse.
Une femme attend d'un homme qu'il intègre que cela ne soit jamais définitivement acquis.»
La thérapeute et coach Myriam Roure

«Une femme aimante est plus que toute une parenté.»
Frédéric Amiel; Journal intime, le 29 juillet 1868.

«Une honnête femme, une femme à qui tu confies ton nom, tes enfants, ton honneur, qui reste à travers toutes les corruptions du monde la gardienne fidèle de toutes ces choses sacrées, qui chaque soir et chaque matin le les rend sans tache comme elle les a reçues, qui enchaîne éternellement à ton foyer le charme, la dignité, le respect... cette femme-là, aime-la !»
Octave Feuillet ; Julie (1877)

«On ne naît pas femme, on le devient.»
Simone de Beauvoir

21- LE TEMPS, L'OR ET L'ARGENT

« La durée de notre vie s'élève à 70 ans, et pour les plus robustes à 80 ans, mais l'orgueil qu'ils en tirent n'est que peine et misère, car le temps passe vite et nous nous envolons.»
Le prophète Moïse ; Le livre des Psaumes

«Le temps fait changer, mûrir, oublier et mourir.»
Proverbe provençal; Le dictionnaire des proverbes provençaux (1823)

«Prends le temps quand il vient, car le temps s'en ira.» Proverbe écossais; Scottish proverbs (1683)

«Perdre le temps c'est perdre plus que du sang, c'est mutiler son être.» Proverbe anglais; Le dictionnaire des proverbes et dictons anglais (1980)

«Perdre le temps c'est commettre un vrai suicide.»
Proverbe anglais; Le dictionnaire des proverbes et dictons anglais (1980)

«Le temps est le dévoileur de la vérité.»
Proverbe allemand; Le dictionnaire des proverbes et dictons allemands (1980)

«Les bonnes choses demandent du temps.»
Proverbe allemand; Le recueil de proverbes allemands (1872)

«Le temps est la médecine de la colère.»
Proverbe allemand; Le dictionnaire des proverbes et dictons allemands (1980)

«Le temps est le meilleur instituteur qu'il puisse être.»
Proverbe iranien; Mille et un proverbes de l'Iran (1969)

«Avec de la peine et du temps on vient à bout de tout.»
Proverbe breton; Les proverbes bretons traduits en français (1998)

«Qui se moque du temps, le temps se moque de lui.»
Proverbe français; Le recueil d'apophtegmes et axiomes (1855)

«Si tu aimes la vie ne prodigue pas le temps, c'est l'étoffe dont la vie est faite.»
Proverbe américain; Les proverbes et dictons américains (1876)

«Faites un bon usage du temps tandis qu'il est présent.»
Proverbe yiddish; Les proverbes en yiddish (1977)

«Le temps est maître en tous les arts.»
Proverbe espagnol; Le dictionnaire des proverbes et idiotismes espagnols (1827)

«Le temps est plus précieux que l'argent, car le temps est irremplaçable.» John C.Maxwell

«Le sage est ménager du temps et des paroles.»
Proverbe français; Le dictionnaire des proverbes français (1749)

«L'or et l'argent appartiennent à Dieu»
Aggée; le Livre de Aggée

«On éprouve l'or par le feu, la femme par l'or, et l'homme par la femme.» Pierre-Claude-Victor Boiste; Le dictionnaire universel (1843)

«L'or et les brillants ont une éloquence muette qui remue le cœur d'une femme bien plus que les beaux discours.» William Shakespeare ; Les deux gentilshommes de Vérone (1590)

L'or trouble la raison, et renverse les lois les plus sacrées de la nature. Phocylide de Millet; Les sentences et adages- VI s. av.J.-C.

«L'or est aujourd'hui le tarif de la probité, plus on en possède, plus on paraît digne de foi.» Juvénal; Satires - env. 120 ap. J.-C.

«Tout ce qui reluit n'est pas or.»
Abbé de Chaulieu ; À la maison de Sylvie (1717)

«Rien ne décèle plus une âme misérable et basse que l'amour de l'or.» Cicéron ; Le traité des devoirs

«L'amour de l'or ronge d'avarice et de souci.»
Charles Nodier ; Lydie ou la résurrection (1839)

«Ne soyons jamais les esclaves de l'or, mais il n'est pas mauvais qu'il puisse devenir le nôtre.»Goswin de Stassart ; Les pensées et maximes (1780-1854)

«L'or véritable ne craint pas le feu» Proverbe chinois

«Si on a perdu de l'argent, on n'a rien perdu; si on a perdu les amis, on a perdu la moitié de ce que l'on a et si on a perdu l'espoir, on a tout perdu.»
Proverbe albanais

«L'argent ne fait le bonheur, mais il y contribue.» Proverbe français

«Ne conquiers pas le monde si tu dois y perdre ton âme car la sagesse vaut mieux l'or et l'argent.» L'artiste, chanteur et musicien Bob Marley (1947-1992)

«Avec tout l'argent du monde, on ne fait pas des hommes, mais avec des hommes et qui aiment, on fait tout.» Abbé Pierre (1773-1827)

«Je fais moins confiance à l'argent depuis que l'homme le plus riche du monde est mort.»
Philippe Bouvard; Mes dernières pensées sont pour vous (2017)

«Il vous est beaucoup plus glorieux d'être aimé que d'être riche, plus avantageux d'avoir de bons amis que de l'or. Si vous avez dans vos coffres de l'argent, dont vous puissiez vous passer, qu'il soit au service de vos amis, quand ils en ont besoin. Déployez tout votre bon cœur à leur égard, en leur offrant plus même qu'ils ne vous demandent. Témoignez plus d'empressement et de plaisir à leur donner, qu'ils n'en ont à recevoir.» Jean Baptiste Blanchard; Les maximes de l'honnête homme

«L'amour de l'argent est une chose terrible, elle rend les yeux et les oreilles inopérants, et l'homme pire qu'une bête sauvage.»
Jean Chrysostome ; Les homélies, discours et lettres choisies (1785)

«Critiquer ceux qui gagnent beaucoup d'argent nous est plus facile que de les admirer.» Henri Frédéric Amiel; Journal intime, le 7 juillet 1878.

«L'argent est un moyen et non un but» Pierre-Claude-Victor Boiste; Le dictionnaire universel (1843)

22- LA CONNAISSANCE ET LE SAVOIR

«Mon peuple périt, parce qu'il lui manque la connaissance.
Le livre du prophète Osée.

«Votre savoir n'a d'intérêt pour les autres que lorsqu'ils savent que vous vous intéressez à eux»
John C. Maxwell

«Donne au sage, et il deviendra plus sage; instruis le juste, et il augmentera son savoir.»
Le roi Salomon; Le livre des proverbes IV s. av. J.-C.

«Le manque de connaissance n'est bon pour personne.»
Le roi Salomon ; Le livre des proverbes

«La connaissance s'acquiert par l'expérience, tout le reste n'est que de l'information.»
Le mathématicien, physicien et scientifique Albert Einstein

«Plus nous connaissons, plus nous avons de responsabilités»
Florence scovel Shinn

«La connaissance est le pouvoir. Il n' y a rien de pareil? La connaissance est entièrement du pouvoir.» Napoléon Hill

«Seule la connaissance de Dieu et de sa Parole est nécessaire et suffisante pour assurer la vie et le bien-être de toutes les nations.»
Auteur anonyme

«Connaître son ignorance est la meilleure part de la connaissance.» Proverbe Chinois

«Se connaître nous fait plier le genou, posture indispensable à l'amour. Car la connaissance de Dieu engendre l'amour, et la connaissance de soi engendre l'humilité.»
Mère Teresa (1910-1997)

«C'est l'ignorance, et non la connaissance, qui dresse les hommes les uns contre les autres.»
Le Diplomate et homme d'Etat Kofi Annan (1938-2018)

«Le bien suprême de l'âme est la connaissance de Dieu; et la vertu suprême de l'âme, c'est connaître Dieu.»
Baruch Spinoza (1632-1677)

«Le savoir que l'on ne complète pas chaque jour diminue tous les jours.» Proverbe chinois

«Qui manque de connaissance est sans cesse à la merci du changement.» Le poète Rémi Belleau

«Savoir vivre est aujourd'hui le vrai savoir.» Baltasar Gracian ; L'homme de cour (1646)

«Les vérités qu'on aime le moins à entendre sont souvent celles qu'il importe le plus de savoir.» Jean-Baptiste Massillon ; Les maximes et pensées (1742)

«Il importe plus de bien savoir que de savoir beaucoup.»
Antoine Claude Gabriel Jobert ; Le trésor de pensées (1852)

23- L'ENCOURAGEMENT ET LE RÉCONFORT

«Un encouragement produit plus de fruits que dix blâmes.»
Maxalexis ; La vie est une poésie (2002)

«L'encouragement fait tout.» Henri-Fréderic Amiel ; Journal intime, le 3 avril 1880

«L'encouragement efficace atteint le cœur avant d'atteindre la tête.» Jane Nelsen

«Il n'y a pas de douceur plus grande que celle d'être compatissant et de chercher à soulager le malheur d'autrui.»
Silvio Pellico (Des devoirs des hommes, 1834)

«Rien ne vaut les encouragements d'un ami.»
Katherine Butler Hathaway

«Ceux qui sèment dans les larmes moissonneront dans la joie.»
Le livre des Psaumes

«Il y a un temps pour tout, un temps de pleurer, un temps de rire, un temps à se lamenter et un temps de danser.»
Le roi Salomon ; L' Ecclésiaste

«L'ami qui comprend, encourage et conseille, l'ami intime, confident sûr et bon juge, est la pierre philosophale.»
Henri-Fréderic Amiel Journal intime, le 29 juin 1874

«Les plus aimants sont les plus timides, ils ont besoin d'aide et d'encouragement.» Anatole France ; Les dieux ont soif (1926)

«Gardez-vous de vos prétendus amis qui n'encouragent ni ne soutiennent.»
Henri-Frédéric Amiel (Journal intime, le 28 avril 1874)

«Réconforter quelqu' un c'est : 1- être présent, car votre présence peut déjà être d'un grand réconfort, 2- identifier ses besoins et 3- lui offrir son aide.»
Le psychologue.net

«La première condition pour consoler un malheureux, c'est d'être malheureux soi-même.»
Adolphe d'Houdelot; Dix épines pour une fleur (1853)

«La crainte gouverne le monde, et l'espérance le console.»
Pierre-Marc-Gaston de Levis ; Les maximes et préceptes (1808)

«Les plus belles âmes sont celles qui se proposent de réjouir ou de consoler autrui.»
Henri-Frédéric Amiel; Journal intime, le 8 juillet 1868.

«Le bonheur n'est pas dans le nombre des jours vécus ici-bas, il est dans les jours remplis par l'amour, par l'amitié, par toutes les consolations divines que Dieu nous accorde sur la terre.»
Alexandre Dumas, fils ; Antonine (1849)

«Ne laissez pas le monde changer votre sourire, mais laisser votre sourire changer le monde.» Sagesse universelle

«Invoque ton Dieu en toute circonstance ; le Maître de l'univers t'écoute, il voit ta douleur et les misères ; c'est lui qui te soulagera, te consolera, te sauvera, et tu le glorifieras.»
Jean-Louis Moré; Le petit livre pour le premier âge (1840)

24- LE DÉVELOPPEMENT, LE RAJEUNISSEMENT ET RESTER JEUNE

«Le développement d'aujourd'hui apporte de meilleure lendemains.» John C. Maxwell; Excellence 101

«Le développement est votre responsabilité.»
John C. Maxwell; Excellence 101

«Le développement a toujours un effet bien précis: il vous pousse vers votre destin.»
John C. Maxwell; Excellence 101

«Si un individu consacrait une heure par jour au même sujet pendant cinq ans, il deviendrait un expert dans ce domaine.»
Earl Nightingale

«C'est le développement personnel qui vous permettra d'accomplir ce pour quoi vous avez été créé.»
John C. Maxwell; Excellence 101

«L'avenir du développement des pays les plus pauvres passe par les femmes.»
Ségolène Royal

«Insistant sur le développement de l'amour, la gentillesse, la compréhension, la paix. Le reste nous sera offert.» Mère Teresa

«Le but de la vie est le développement personnel. Parvenir à une parfaite réalisation de nature, c'est pour cela que nous sommes tous ici.» Oscar Wilde

«Dire oui au développement, c'est faire le choix d' être un étudiant à vie.» Auteur Anonyme

«Rien ne développe l'intelligence comme les voyages.»
Emile Zola ; Aventures du grand Sidoine et du petit Médéric

«Après tout, c'est le développement de la personnalité humaine qui est le but suprême de la civilisation.» Alexis Carrel; L'homme, cet inconnu

«Bien savoir et bien faire une seule chose procure un plus haut développement que d'en faire à demi une centaine.»
Johann Wolfgang Goethe

«La pauvreté du cœur ne nourrit jamais l'intelligence mais la richesse du cœur développe souvent l'esprit.»
Jacques de Bourbon Busset; Tu Ne mourras pas

«Le bon professeur découvre les aptitudes naturelles de ses élèves et les développe en les stimulant et en les inspirant. Le vrai chef grandit les hommes qui le suivent.»
Stephen Neill; A genuinely human existence

«Sourire, c'est rajeunir de dix ans; s'attrister, c'est se faire des cheveux blancs.» Proverbe chinois

«C'est lui qui rassasie de biens ta vieillesse, Qui te fait rajeunir comme l'aigle.» Le livre des Psaumes

«Un jour on devient vieux, puis soudain on rajeunit!»
Katherine Butler Hathaway

«Le matin, c'est la jeunesse, rien qu'à respirer, ça nous rajeunit.»
Claudette Boucher; Jamais plus les chevaux

«Jamais homme sage n'a souhaité rajeunir.»
L'écrivain Jonathan Swift (1667-1745)

«Qui apprend à prendre du bon temps rajeunit tout autant.»
Daniel Desbiens

«Une femme est jeune tant qu'elle peut inspirer de l'enthousiasme ou de l'amour. Une femme qu'on n'a jamais aimée a toujours été vieille.» Auguste Guyard ; Quintessences (1847)

«L'homme trop jeune est incapable d'aimer! Il ne sait le prix de rien !» Alphonse de Lamartine ; Graziella (1852)

«On peut mourir jeune à n'importe quel âge.»
Albert Brie ; Le mot du silencieux (1978)

«Il ne suffit pas d'être jeune et aimable, il faut avoir de quoi vivre.» Destouches ; L'amour use, le 20 décembre 1741.

«Plus nous faisons de bonnes actions dans notre jeunesse, plus nous préparons de douceurs et de consolations pour notre vieillesse.» Augustin de Brueys ; Les amusements de la raison (1721)

«Savoir être jeune est un art qu'on apprend toujours trop tard.»
L'artiste, chanteur, compositeur et musicien Pierre Perret

«Tout le monde peut rester jeune, à condition de s'y entraîner de bonne heure» Le poète Paul Fort

«À quoi bon s'agiter ? On est toujours plus jeune que l'année prochaine.»
Grégoire Lacroix ; Les euphorismes de Grégoire (2006)

«Souvenez-vous du Créateur aux jours de la jeunesse.» Le roi Salomon; L'Ecclésiaste

«Le cœur n'a pas de rides.»
Madame de Sévigné

«Celui qui arrête d'apprendre est vieux, qu'il ait 20 ou 80 ans. Celui qui continue d'apprendre reste jeune. La meilleure chose dans la vie, c'est de garder un esprit jeune.»
   Henry Ford

«Vous resterez jeune tant que vous resterez réceptif.
   Réceptif à ce qui est beau, bon et grand…Si un jour, votre cœur allait être mordu par le pessimisme et rongé par le cynisme, puisse Dieu avoir pitié de votre âme de vieillard.»
   Le général Marc Arthur

«On devient vieux parce qu'on a déserté son idéal.»
Le général Marc Arthur

25- LA SANTÉ ET LA PAIX

«Existe-t-il pour l'homme un bien plus précieux que la santé?»
Socrate

«Qui est en bonne santé est riche sans le savoir.»
Proverbe français

«Il est permis de demander la santé à Dieu, comme à celui qui peut seul nous la donner, avec cette condition, si telle est sa volonté.» Saint François de Sales ; Une pensée pour chaque jour (1846)

«Arrange tes manières, de ta santé Dieu se chargera.»
Gilbert Choulet ; Capitaine de Äme Maître de mon destin

«La santé est, de tous les trésors, le plus précieux et le plus mal gardé.» Joseph Santal-Dubay ; Les pensées sur l'homme, le monde et les mœurs (1813)

«L'état de santé est le premier bien de l'homme : quels trésors pourraient nous dédommager de sa perte ? Quelle vie que celle qui s'écoule dans les angoisses et dans les douleurs !»
Joseph Marie Audin-Rouvière ; La médecine sans le médecin (1794)

«Qui prodigue sa santé en est bientôt ruiné.»
François Salvat de Montfort Vasconiana ou recueil des bons mots (1708)

«La santé est un bien qui demande de l'économie.»
François Salvat de Montfort ; Vasconiana ou recueil des bons mots (1708)

«La vie appartient aux gens bien portants qui prennent soin de leur santé.» Alfred Auguste Pilavoine ; Les pensées, mélanges et poésies (1845)

«La santé est le premier des biens après la paix du cœur.»
Henri-Frédéric Amiel ; Journal intime, le 20 avril 1873.

«Il n'y a point d'autre jeunesse que la parfaite santé et la vigueur d'esprit. Quand on possède ces avantages, on est toujours jeune, lors même qu'on aurait cent ans.»
Mary Sarah Newton ; Essais divers, lettres et pensées (1852)

«La gaieté est le plus puissant facteur de la santé morale.»
Pierre Dac ; L'os à moelle, 13 mai 1938 - 7 juin 1940.

«La santé ne s'accorde pas avec la débauche.»
Citation de l'Orient ; L'Orient en proverbes (1909)

«La santé et la bonne disposition valent mieux que tout l'or du monde.» Le roi salomon ; Le livre des Proverbes

«De tous les biens, celui qu'on chérit le plus et qu'on ménage le moins, c'est la santé.»
Jean-François Marmontel; Les leçons d'un père à ses enfants (1806)

«La santé est la chose essentielle après la moralité.»
Thomas Jefferson; Lettre à Pierre Carr, le 10 août 1787.

«La vraie marche à suivre pour obtenir la paix est de réprimer ses mauvaises qualités.»
Proverbe Turc ; Mille et un proverbes turcs (1878)

«La paix est un fruit de l'Esprit.»
L'apôtre Paul; Le livre des Galates

«Qui veut avoir la paix à la maison fait ce que sa femme veut.»
Proverbe danois ; Le folklore du Danemark (1892)

«Où il y a amour, il y a paix.»
Proverbe birman ; Le dictionnaire des proverbes de la Birmanie (1980)

«Tu dois apprendre à pardonner, si tu veux vivre en paix.»
Proverbe rwandais ; Le Rwanda en proverbes (1906)

«L'arbre du silence porte les fruits de la paix.»
Proverbe arabe ; Les proverbes et dictons arabes (1822)

«Qui sème la paix récolte la joie.»
Proverbe danois; Le dictionnaire des proverbes danois (1757)

«La paix produit, la guerre détruit.» Proverbe danois ; Le dictionnaire des proverbes danois (1757)

«Apprends à fermer ta bouche, tu vivras en paix.»
Proverbe danois; Le folklore du Danemark (1892)

«Si vous voulez vivre en paix, ne parlez pas en mal des uns et des autres.» Proverbe français; Le recueil d'apophtegmes et axiomes (1855)

«Il n'y a pas d'autre bonheur que la paix.»
Proverbe thaïlandais ; Les dictons et proverbes thaïlandais (1980)

«Que pouvez-vous faire pour promouvoir la paix dans le monde ? Rentrer chez vous et aimer votre famille!» Mère Teresa (1910-1997)

«Paix et tranquillité, voilà le bonheur.» Proverbe chinois

«Ce qu'il faut surtout pour la paix, c'est la compréhension des peuples. Les régimes, nous savons ce que c'est: des choses qui passent. Mais les peuples ne passent pas.»
L'homme d'Etat et président, le général Charles De Gaulle (1890-1970)

«Pour faire la paix avec un ennemi, on doit travailler avec cet ennemi, et cet ennemi devient votre associé.»
L'homme d'Etat et Président Nelson Mandela (1918-2013)

«Insistons sur le développement de l'amour, la gentillesse, la compréhension, la paix. Le reste nous sera offert.» Mère Teresa

«Le bonheur ne consiste ni dans la gloire ni dans la puissance, ni dans la richesse, mais seulement dans la paix de la conscience et la soumission à Dieu.» L'avocat et homme de loi Pamphile Lemay

«Vous voulez la paix : créez l'amour.»
L'artiste, écrivain, Poète Romancier (1802 – 1885)

26- LA BEAUTÉ ET L'APPARENCE

«La beauté est meuble fragile.»
Proverbe danois ; Les proverbes et adages du Danemark (1956)

«La grâce est trompeuse, et la beauté est vaine.»
Le livre des proverbes

«La beauté est comme une fleur, qui naît, et en peu de temps meurt.» Proverbe italien ; Les proverbes et dictons italiens (1894)

«Une grande beauté souvent gagne à se taire.»
Proverbe français ; Le recueil d'apophtegmes et axiomes (1855)

«La beauté vertueuse a droit à double hommage.»
Proverbe français ; Le recueil d'apophtegmes et axiomes (1855)

«La beauté ne se voit qu'avec les yeux de l'âme.»
Proverbe français ; Les sentences et proverbes (1892)

«La seule beauté durable est la beauté du cœur.»
Proverbe iranien ; Mille et un proverbes de l'Iran (1969)

«Ne jugez pas d'une femme par sa beauté, mais par ses mœurs.»
Proverbe grec ; Les maximes de la Grèce antique (1855)

«La modestie est le plus bel ornement de la beauté.»
Proverbe français ; Le dictionnaire d'amour (1808)

«La beauté est une demi faveur donnée par Dieu, l'intelligence en est une entière.»
Proverbe sénégalais ; Les proverbes peuls du Sénégal (1984)

«Aucune grâce extérieure n'est complète si la beauté intérieure ne la vivifie. La beauté de l'âme se répand comme une lumière mystérieuse sur la beauté du corps.» Victor Hugo

«La beauté plaît aux yeux, la douceur charme l'âme.»
Voltaire

«La beauté est une demi-faveur du ciel, l'intelligence est un don.» Proverbe arabe

«La beauté de l'âme l'emporte sur la beauté physique.»
George Sand

«Quand l'amour grandit en toi, la beauté fait de même. Car l'amour est la beauté de l'âme.» Saint Augustin ; Les Confessions

«L'amour construit la beauté, mais qui comme toute beauté, a tôt fait de mourir.» John Donne

«La beauté, c'est la signature de Dieu.»
Charles Kingsley ; Un homme de cœur

«La beauté d'un homme est dans sa poche.»
Proverbe malien

«La beauté touche les sens et le beau touche l'âme.»
Joseph Joubert; Pensées

«Ce n'est pas la beauté de la femme qui ensorcelle, mais sa noblesse.» Euripide ; Andromaque

«Une beauté est une femme que vous remarquez ; une femme charmante est celle qui vous remarque.»
Adlaï Stevenson

«La beauté du cœur n'a nul besoin d'artifices pour durer éternellement.» Michel Vaner

«La beauté trop formelle devient grimace.»
Rosa Luxembourg; Lettres de prison

«A la vue d'une jeune beauté, il faut bénir le Seigneur.»
Proverbe turc

«Les hommes se laissent gouverner plutôt par les apparences que par les réalités.»
Philip Dormer Stanhope ; Lettre à son fils Philippe Stanhope, le 6 mai 1751.

«Juger les gens d'après leur aspect extérieur, c'est risquer de négliger les personnes dotées de grandes qualités mais dont les traits physiques ne correspondent pas à l'idéal de beauté de notre époque. L'apparence ne dit rien sur l'attitude de cœur ni sur la valeur réelle de quelqu'un.»
Notes bibliques ; Vie nouvelle

«Tout le monde juge par l'extérieur : il est trop peu de gens voyant jusqu'au fond et qui ne se laissent point prendre aux apparences.» Pierre-Jules Stahl ; Les pensées et réflexions diverses (1841)

«Il y a des événements dont il ne faut jamais juger par les apparences.»
L'abbé Antoine Prévost ; Le philosophe anglais (1731-1739)

«L'habit ne fait pas le moine, ni la barbe le philosophe, ni la robe le docteur.» Proverbe italien ; Les sentences et adages et proverbes italiens (1683)

«Ne vous fiez pas aux apparences : le tambour, avec tout le bruit qu'il fait, n'est rempli que de vent.» Louis Joseph Mabire ; Le dictionnaire de maximes (1830)

«On ne peut substituer l'apparence à la réalité.»
Diane de Beausacq ; La civilité non puérile, mais honnête (1863)

«L'apparence nous fait prendre aujourd'hui des sentiments d'inclination pour des personnes qui seront demain l'objet de notre aversion.» Axel Oxenstiern ; Les réflexions sur l'apparence (1652)

«Ne te laisse point prendre aux premières apparences, mais donne-toi le temps de former un jugement sûr.» William Penn ; Les fruits de l'amour d'un père (1790)

«Des hommes les uns sont d'or, les autres n'en ont que l'apparence.» Miguel de Cervantès ; Don Quichotte, II, VI (1605)

«Il y a peu de gens qui jugent le fond, ils se contentent des apparences.» Baltasar Gracian ; L'homme de cour (1646)

«Mon Dieu ! Le plus souvent l'apparence déçoit. Il ne faut pas toujours juger sur ce qu'on voit.»
L'acteur, artiste, écrivain et scénariste Molière (1622-1673)

«Cesser de juger sur les apparences. Jugez avec équité.»
L'apôtre Jean (3-101)

27- FAIRE LE BIEN

«Si l'on faisait attention à ce que les autres peuvent dire de nous, cela arriverait bientôt à nous enlever toute possibilité de faire le bien.» L'artiste et metteur en scène Carlo Goldoni Scénariste (1707-1793)

«Qu'y a-t-il de meilleur, ou qu'y a-t-il de plus beau, que d'être bon et de faire le bien?» L'homme d'Etat et Philosophe Cicéron

«L'ambition de faire le bien est la seule qui compte.»
Le général Robert Baden-Powell (1857-1941)

«C'est un plaisir royal de faire le bien quand les ignorants croient que c'est le mal que vous faites.»
L'artiste, journaliste et écrivain Alfred Capus (1737-1809)

«Il ne suffit pas de faire le bien, il faut encore le bien faire.»
L'artiste et écrivain Dénis Diderot

«Toute capacité à faire le bien nous vient de Dieu.»
Billy graham

«Il ne faut pas délibérer pour faire le bien.»
Proverbe français

«Faire le bien, éviter le mal, c'est le paradis.»
L'artiste, sculpteur et écrivain Henri Vincenot (1912-1985)

«Il est mille fois plus aisé de faire le bien que de le bien faire.»
L'artiste philosophe et écrivain Montesquieu

«Ceux qui sont soucieux de bien faire ne pense pas à beaucoup parler.» Jacques Amyot ; Le bréviaire (1580)

«Faire le bien est de tous les bonheurs le plus sûr, il ne dépend que de nous.» Eugène Marbeau ; Les remarques et pensées (1901)

«Il est plus doux, pour les belles âmes, de faire du bien que d'en recevoir.» Mirabeau ; Lettre à Sophie, 1er mars 1778.

«Faire du bien est un plaisir qui ne s'use point.» Jean-Baptiste Massillon ; Le petit carême (1718)

«Il faut croire au mal pour savoir bien faire le bien.» Anne Barratin ; Chemin faisant (1894)

«Si vous faites le bien, les autres vous accuseront d'avoir des arrières-pensées égoïstes-faites le bien quand même.» John C. Maxwell ; Devenez une personne d'influence

«Faire le bien est la pente naturelle de l'être heureux.» Andrée Maillet ; Le doux mal (1972)

«Si chacun faisait tout le bien qu'il peut faire, sans s'incommoder, il n'y aurait pas de malheureux.» Charles Pinot Duclos ; Les pensées, maximes et anecdotes (1810)

«Faire du bien aux autres, c'est s'en faire à soi-même.» Edmond Thiaudière ; La proie du néant

«L'ingratitude ne doit pas empêcher de faire du bien.» Christine de Suède ; Les maximes et pensées

28- LES ENFANTS

«Les enfants sont la chose la plus précieuse dans la vie. Un parent doit faire tout ce qu'il peut pour donner à un enfant le sens de la famille.»
L'artiste, chanteur et musicien Elvis Presley (1935-1977)

«Les enfants, c'est le bonheur du foyer, la joie de la maison.» Jules Renard ; Un habit par la fenêtre, le 6 octobre 1885.

«Les enfants ont plus besoin de modèles que de critiques.» Joseph Joubert ; De l'éducation, III (1866)

«Toute méchanceté vient de faiblesse ; l'enfant est méchant que parce qu'il est faible ; rendez-le fort, il sera bon.»
Jean-Jacques Rousseau (1712-1778)

«On peut grandir, et même vieillir, mais pour sa maman on est toujours un enfant.» Jean Gastaldi

«L'éducation d'un enfant, on le sait, c'est souvent un combat constant entre les valeurs de la famille et celles de l'entourage.» La romancière et artiste Ginette Quirion

«Il est plus facile pour un père d'avoir un fils que pour un enfant d'avoir un bon père.» Le pape Jean XXIII (1881-1963)

«Les enfants ont la mémoire courte, mais ils ont le souvenir rapide.» Victor Hugo

«Savez-vous quel est le plus sûr moyen de rendre votre enfant misérable ? C'est de l'accoutumer à tout obtenir.»
Jean-Jacques Rousseau

«Un enfant, un professeur, un livre, crayon peuvent changer le monde.» Malala Yousafzai (1997-)

«L'argent est une richesse morte, les enfants sont une richesse vivante.» Proverbes Chinois

«Les enfants sont un bienfait ou un fléau du ciel suivant ce qu'ils deviennent, et ils deviennent ce que l'éducation les fait.»
Maria Edgeworth ; Les deux familles (1814)

«Les enfants ont un besoin absolu et continuel d'affection pour se développer.» Françoise Giroud ; La nouvelle vague (1958)

«Les enfants bien élevés ne doivent pas fréquenter ceux qui ne le sont pas.» Anatole France ; Le livre de mon ami (1885)

«Les enfants sont tels que leurs pères et leurs mères.»
Jonathan Swift ; Les voyages de Gulliver

«Les leçons que vous donneriez à vos enfants, mettez-les vous-même en pratique.» Isocrate ; Les discours de morale Iv^e s.av. J.-C.

«Quand les sages sont au bout de leur sagesse, il convient d'écouter les enfants.»
Georges Bernanos ; Les dialogues des Carmélites (1949)

«Les enfants sont les fruits de la bénédiction du mariage.»
Fénelon ; Les réflexions et pensées recueillies (1720)

29- LE CHARME ET LE CHARISME

«Ce qui fait le charme d'un homme, c'est sa bonté.»
Le roi Salomon ; Le livre des Proverbes

«Il n'y a pas de charme égal à la tendresse du cœur.»
La femme de lettres Jane Austen

«Un charme est ce qui subjugue, plutôt que ce qui plaît.»
Alain

«Le charme, c'est ce qui fait dire oui à qui hésite encore.»
Bertrand Vac ; Mes pensées profondes (1967)

«Une femme perd son charme dès qu'elle cesse d'y croire.»
Henry de Lucenay

«Le charme : ce qui dans les autres nous rend plus contents de nous-mêmes.» Henri Frédéric Amiel ; Journal intime

«Ne te détourne pas d'une épouse sage et bonne. Car son charme vaut mieux que l'or.»
Le roi Salomon; Le livre de l'Ecclésiaste

«Le vrai bonheur, c'est toi, c'est ta voix, c'est ton regard, c'est tout ce qui me charme et m'enivre.»
L'écrivain, romancier et poète Victor Hugo (1802 – 1885)

«La courtoisie est la partie principale du savoir-vivre, c'est une espèce de charme par où l'on se fait aimer de tout le monde.» Le cinéaste, scénariste et dramaturge Jacques Deval (1890 – 1972)

«Les beautés peuvent se nuire ; les charmes ne se nuisent jamais.» Anne Barratin ;

«L'amour fait le charme de la vie, il console, il fortifie.»
Jacques-Henri Bernardin de Saint-Pierre ; L'Arcadie (1781)

«Si la femme est faite pour plaire et pour être subjuguée, elle doit se rendre agréable à l'homme au lieu de le provoquer. Sa violence, à elle, est dans ses charmes.»
Jean-Jacques Rousseau ; Émile, ou De l'éducation (1762)

«L'amour, quand il est pur, prête un charme aux actions les plus communes, et dans le moindre bien qu'il fasse faire, il y a comme une saveur divine, délicieuse pour l'âme qui sait la goûter.»
Alfred Auguste Pilavoine ; Les pensées, mélanges et poésies (1845)

«Il y a dans la modestie un charme secret qui tient du mystère, tout ce qui est voilé plaît davantage.»
Alfred Auguste Pilavoine ; Les pensées, mélanges et poésies (1845)

«Tout le charme de la société, qui règne entre de vrais amis, consiste dans cette ouverture de cœur qui met en commun tous les sentiments, toutes les pensées, et qui fait que chacun, se sentant tel qu'il doit être, se montre à tous tel qu'il est.»
Jean-Jacques Rousseau ; Esprit, maximes et principes (1764)

«La simplicité unie à l'humilité est un charme et un attrait pour tout le monde.»
Saint Vincent de Paul ; Les maximes spirituelles (posthume, 1576)

«L'amitié est le charme de la vie ; l'amour est la vie même.»
Eugène Marbeau ; Les remarques et pensées (1901)

«Le charme, comment le décrire ? Comment l'analyser ? C'est le vainqueur irrésistible : il apparaît, et le cœur s'ouvre ; il nous frôle, et tout vibre en nous ; il nous regarde, et nous sommes à lui.»
Anne Barratin ; Chemin faisant (1894)

«Si l'amour est une chanson de charme, il sait être aussi une chanson de gestes.» Pierre Dac ;

«Ce qui n'a pas de secrets n'a pas de charmes.»
Anatole France Le Lys rouge (1894)

«Le charisme, ça ne se travaille pas. Le charisme, c'est inné.»
L'artiste et acteur Gérard Depardieu

«En imposer pour ne pas avoir à imposer, voilà en quoi consiste le charisme.» François Proust

«Parfois, le charisme d'une personne est tel qu'il balaie nos défenses, nos préjugés et nos inhibitions et nous atteint droit aux tripes.» Peter Høeg ; Smilla et l'Amour de la neige

«On appelle charisme le grand prestige, le pouvoir de séduction ou l'ascendance exceptionnelle qu'une personne exerce sur ses interlocuteurs ou sur un large public. Il est lié à la prestance, à la fascination exercée et la capacité de susciter l'adhésion. Ces qualités sont naturelles ou acquises par un travail sur soi, mais ne sont pas liées à la fonction occupée.» La toupie

«Le charisme a pour synonymes : l'aura, l'autorité naturelle, le don, le leadership.»
Auteur anonyme

« Le charisme est la croyance en la qualité extraordinaire [...] d'un personnage, qui est, pour ainsi dire, doué de forces ou de caractères surnaturels ou surhumains ou tout au moins en dehors de la vie quotidienne, inaccessible au commun des mortels ; ou encore qui est considéré comme envoyé par Dieu ou comme un exemple, et en conséquence considéré comme un «chef».»
Le sociologue Max Weber

«Le charisme est la qualité d'une personne ou d'un groupe qui séduit, influence, voire fascine, les autres par ses discours, ses attitudes, son tempérament, ses actions. Un charisme puissant trouble et neutralise le jugement d'autrui.»
L'encyclopédie libre Wikipédia

«Avoir du charisme, c'est dégager une certaine aura, avoir une personnalité qui attire l'admiration. Maintien d'une personne qui en impose.» Lintern@ute

«Le charisme est un don conféré par la grâce divine pour le bien commun. C'est la qualité d'une personnalité qui a le don de plaire, de s'imposer, dans la vie publique.»Théologie

«Un professeur qui vous a fait aimer les maths, un chef d'entreprise qui sait dynamiser son équipe..., les personnes charismatiques sont de celles que l'on rencontre sans pouvoir les oublier. Elles dégagent une aura telle qu'on a envie de les écouter, qu'on est prêt à tout pour les suivre. Mais à quoi ça tient, au fond, le charisme?
Bien qu'il soit possible de le travailler, le charisme, on naît avec. Cette faculté presque surnaturelle à rayonner, à convaincre les autres de nous suivre tient à plusieurs paramètres dont on est, ou pas, équipé dès la naissance. La personne charismatique est, pour commencer, une personne charmante. Par sa simple présence, elle parvient à réjouir les êtres qui l'entourent.» Marie Claire

«Le charisme est une grâce accordée de façon passagère par Dieu à un chrétien.» Lintern@ute

«Le charisme, une aura qui attire irrémédiablement les autres.» Marie Claire

30- LE MANGER ET LE BOIRE

«Lire, c'est boire et manger. L'esprit qui ne lit pas maigrit comme le corps qui ne mange pas.»
L'artiste, écrivain, poète et romancier Victor Hugo

«Boire et manger maintiennent l'âme et le corps rassemblés.»
Heinrich Böll

«Il faut manger pour vivre et non pas vivre pour manger.»
Molière ; L' Avare

«A trop parler, on oublie de manger.»
Proverbe américain

«Car le royaume de Dieu, ce n'est pas le manger et le boire, mais la justice, la paix et la joie, par le Saint-Esprit.»
L'apôtre Paul ; Le livres des Romains

«Bien boire et bien manger font bien travailler.»
Proverbe français

«Manger est bon. Avoir mangé est meilleur.»
Anatole France ; Les pensées de Riquet

«Manger est humain, digérer est divin.»
Charles T. Copland

«Boire chaud et manger froid n'accommodent point l'estomac.»
Proverbe espagnol

«Boire et manger, s'exercer par mesure sont de santé les outils plus certains; l'excès dans l'un de ces trois aux humains hâte la mort et force la nature.»
Le poète, magistrat et diplomate Guy du Faur seigneur de Pibrac (1529 – 1584)

«On ne doit manger qu'à sa faim.»
Samuel Ferninand-Lop ; Les nouvelles pensées et maximes (1970)

«Manger trop est contraire à l'équilibre physique du corps.»
Samuel Ferdinand-Lop ; Les nouvelles pensées et maximes (1970)

«Nous ne vivons pas pour manger, nous mangeons pour vivre.»
Pierre-Claude-Victor Boiste ; Le dictionnaire universel (1800)

«Parler peu, et manger peu, ne fait jamais de mal.»
Pierre-Claude-Victor Boiste ; Le dictionnaire universel (1800)

«À table, souviens-toi qu'on mange pour vivre, mais qu'on ne vit pas pour manger.»
Jean-Louis Moré ; Le petit livre pour le premier âge (1840)

«Ceux qui mangent tous les jours feraient bien de ne pas parler de la faim.»
Charles Régismanset ; Les contradictions (1906)

«Tel on mange, tel on travaille.»
Proverbe allemand ; Le dictionnaire des proverbes et dictons allemands (1980)

«D'autres ont planté ce que nous mangeons, nous plantons ce que d'autres mangeront.»
Proverbe Persan ; Le dictionnaire des proverbes et dictons persans (1980)

«Si quelqu'un ne veut pas travailler, qu'il ne mange pas non plus.» L'apôtre Paul

«Là où tu as mangé du sel, ne casse pas la salière.»
Proverbe persan ; Le dictionnaire des proverbes et dictons persans (1980)

«Long à manger, long à tout faire.»
Proverbe allemand ; Le recueil de proverbes allemands (1872)

«Il n'y a de bonheur pour l'homme sous le soleil qu'à manger et à boire, et à se réjouir.» Le roi Salomon; L'Ecclésiaste

«Tu manges comme tu sèmes.»
Proverbe libyen ; Les proverbes et adages de la Libye (1956)

«Mangez quand il vous plaît, mais buvez avec mesure.»
Proverbe français ; Le dictionnaire des proverbes et idiotismes français (1827)

«En mangeant, l'appétit vient.»
Proverbe français; Les adages français – XVIe siècle.

«Le jeu est bon quand on a de quoi manger.»
Proverbe danois ; Les proverbes et adages du Danemark (1956)

«Le porc vit pour manger, l'homme mange pour vivre.»
Proverbe français ; Les sentences et proverbes (1892)

«Qui mange pour deux doit travailler pour trois.»
Proverbe kurde ; Les proverbes et adages du Kurdistan (1936)

«Qui bien travaille mange aussi bien.»
Proverbe français ; Le dictionnaire des proverbes

«Une fois qu'on a à manger, on veut à boire ; une fois qu'on a où s'asseoir, on veut s'allonger.
Proverbe tibétain ; Le grand livre des proverbes tibétains (2006)

«Qui boit plus que de raison finit par déraisonner.»
Victor Cherbuliez ; Les pensées extraites de ses œuvres (1913)

«La tempérance dans le boire et le manger rend la tête plus claire et l'intelligence plus vive.»
Benjamin Franklin ; Mes mémoires (1817)

«Quand on ne veut pas s'enivrer, il ne faut pas boire du tout.»
Johann Wolfgang von Goethe ; Les complices, I , 2 (1769)

«On ne peut ni faire boire un âne qui n'a pas soif, ni se faire aimer des gens qui ne veulent pas même vous regarder dans les yeux.» Henri-Frédéric Amiel ; Journal intime, le 19 avril 1876.

«Buvons ensemble à ta santé à tes succès, à toi à nous, à tes souhaits à tes projets.» Jacques Demy ; Célébration (1970)

«L'habitude de boire a réduit souvent les plus grands génies à un état d'imbécillité.»
Benjamin Delessert ; Le guide du bonheur (1839)

31- LE SOMMEIL ET LE REPOS

«Sommeil : Instant privilégié de l'existence où l'on perd toute conscience de la vie. S'il ne séparait pas les couples, il y aurait deux fois plus de divorces.»
Philippe Bouvard ; La belle vie après 70 ans (2002)

«Le sommeil nous fait plus de bien que n'en peut donner l'espérance. Il sait calmer notre souffrance, et pour nous venger des méchants, il n'endort pas leur conscience.»
Louis Philipon de La Madelaine ; Le sommeil (1810)

«Mieux vaut un bon sommeil qu'un bon lit.»
Victor Hugo ; Philosophie prose (1835-1840)

«Le sommeil, ce frein déplorable aux joies de la vie, peut s'emplir de rêves.» Virginia Woolf ; Les essais choisis (2015)

«Le sommeil, il n'y a que ça de merveilleux sur terre !»
Paul Brulat ; Le reporteur (1898)

«Le sommeil est le carburant de l'homme d'action.»
Frédéric Dard ; La fête des paires (2000)

«Avant le sommeil, ferme tes yeux et rappelle-toi trois fois tes actions du jour.» Pythagore ; Les vers d'or – VIe S. av.J.-C.

«Le sommeil est l'ami de l'homme.»
Charles Péguy ; Le porche du mystère de la deuxième vertu (1912)

«Là où loge le souci, le sommeil ne s'abat jamais.»
William Shakespeare; Roméo et Juliette (1590)

«Le sommeil est le seul ami qui ne vient pas quand on l'appelle.»
Diane de Beausacq; Les maximes de la vie (1883)

«Le sommeil est une sorte d'innocence, et de purification.»
Henri-Frédéric Amiel ; Journal intime, le 28 février 1865.

«La paresse s'entretient par le repos, le courage s'entretient par la fatigue.» Proverbe Chinois

«La nuit est destinée au sommeil, le jour au repos et l'âne au travail.» Proverbe Afghan

«Le repos est un rêve; la vie est un orage.»
George Sand (1804 - 1876)

«Le pardon, quel repos !»
Le romancier et poète Victor Hugo

«Quand on ne trouve pas son repos en soi-même, il est inutile de le chercher ailleurs.»
Le duc, écrivain et l'homme d'Etat François De La Rochefoucauld

«Mon cœur est en repos quand il est auprès de toi, c'est son état naturel, et le seul qui lui plaise.»
L'écrivaine et artiste Madame De Sévigné (1626 – 1696)

«Un peu de sommeil, un peu d'assoupissement, Un peu croiser les mains pour dormir!...Et la pauvreté te surprendra, comme un rôdeur, Et la disette, comme un homme en armes.»
Le Livre des Proverbes

«Si l'âme est heureuse de s'unir à Dieu, nous savons que Dieu aime s'unir à nos âmes. C'est Dieu qui prononce cette douce parole : Je cherche un cœur pur, et là est le lieu de mon repos.»
Henri Perreyve ; Lettre à Henri Lacordaire, le 8 février 1854.

«Le repos, le vrai bonheur pour moi, c'est auprès de toi.»
Félix Lope De Vega ; Les travaux de Jacob (1630)

«Le repos est notre premier supplice et notre dernier plaisir.»
Cécile Fée ; Les maximes et pensées (1832)

«Sans la tolérance des uns envers les autres n'espérons pas conserver parmi nous la paix et le repos.»
Jean-Baptiste-René Robinet ; Le dictionnaire universel des sciences morale (1778)

«Les orages hebdomadaires ou mensuels ne servent à rien ni à personne. Ce qui me fait besoin, c'est la sécurité et l'égalité des rapports. Une amitié aussi agitée que l'amour n'est pas un appui. Et l'amour lui-même, s'il ne donne pas le repos, n'est guère attrayant.»
Henri-Frédéric Amiel ; Journal intime, le 31 décembre 1875.

«Le repos rend l'esprit plus libre et plus sain pour réfléchir.»
George Sand ; Jeanne (1844)

«Le repos est la seule chose qu'on ne saurait payer trop cher.»
Jean-Napoléon Vernier ; Les fables, pensées et poésies (1865)

«Pour goûter le vrai repos, il faut que le travail le précède.»
François-Rodolphe Weiss ; Les principes philosophiques et moraux (1785)

«La véritable motivation du travail est le repos.»
Robert Sabatier ; Le livre de la déraison souriante (1991)

«Le repos de l'âme est le plus grand des biens après la santé.»
Madeleine de Puisieux ; Les caractères (1751)

«Le repos est le père de la santé.»
Samuel Johnson ; Le rôdeur (1770)

«Le repos est le silence du corps.»
Eugène Chapus ; Le manuel de l'homme et de la femme (1855)

«Le plus doux des repos, s'endormir dans les bras de l'épouse que l'on aime.» Louis-Philippe de Ségur ; Le petit livre de l'amour (1854)

«Le plus grand des biens, sans doute, est le repos.»
Charles-Albert Demoustier ; Les Femmes (1793)

32- ÊTRE PARENTS ET LES VALEURS

«La bonne éducation des parents fait presque toujours la bonne éducation des enfants.»
Le poète Joseph Alphonse Esménard ; L'éducation des père et mère (1814)

«Le bon père, la bonne mère sont les vrais modèles, les images vivantes de l'éducation.»
Le poète Joseph Alphonse Esménard ; L'éducation des père et mère (1814)

«De bons parents n'ont pas d'enfants ingrats.»
Louis Auguste Martin ; L'esprit moral du XIXe siècle (1855)

«On aurait des enfants bien élevés, si les parents étaient bien élevés eux-mêmes.» Johann Wolfgang von Goethe ; Les maximes et réflexions (1749-1832)

«L'obéissance à ses parents est le premier devoir de tout enfant.» Madeleine de Puisieux ; Les conseils à une amie (1751)

«Quand une mère et un père enseignent à leurs enfants, tout petits encore, à s'aimer et à s'aider l'un l'autre, à réprimer leurs caprices ou leur mauvaise humeur, à se montrer obéissants et dociles, ces sages leçons épargnent aux parents bien des chagrins par la suite.»
Maria Edgeworth ; Les deux familles (1814)

«Les enfants n'obéissent aux parents que lorsqu'ils voient les parents obéir à la règle.» Joseph Joubert ; De l'éducation, II (1866)

«Attendez-vous à être traité par vos enfants comme vous aurez traité vos parents.» Thalès de Millet ; les sentences et adages et maximes

«L'ingratitude des enfants envers les pères et mères mérite châtiment.» Chevalier de Méré ; Les maximes et sentences (1687)

«Parents, quand vos enfants auront reçu de vous la nourriture du corps, ne croyez pas avoir rempli tous vos devoirs envers eux. Vous avez à en faire des hommes, et qu'est-ce que l'homme, si ce n'est un être moral et intelligent ? Qu'ils apprennent donc de vous à discerner le bien du mal, à aimer l'un et à l'accomplir, à fuir l'autre et à le détester.»
Félicité Robert de Lamennais ; Le livre du peuple (1838)

«Un enfant sans parent est toujours un enfant triste.»
Marie-Jeanne Riccoboni ; Les lettres d'Elizabeth–Sophie de Vallière (1772)

«L'attitude des parents, en particulier, façonne le système des valeurs des enfants.»
Notes bibliques; vie nouvelle (Louis Segond)

«L'expérience montre que les enfants imitent le mode de vie de leurs parents et répètent ainsi leurs succès et leurs erreurs.»
Notes bibliques; vie nouvelle (Louis Segond)

«L'expérience des parents doit être la leçon des enfants.»
Honoré de Balzac ; Mercadet (posthume, 1851)

«L'amour porte à imiter ceux qu'on aime, c'est la loi qu'observe l'enfant ; dès qu'il a pu rendre à ses parents leurs sourires, il se met à imiter leurs gestes, à balbutier leur langue, à singer leurs habitudes bonnes ou mauvaises.» Louis-Augustes Martin; L'esprit moral

«Les enfants bien élevés doivent à leurs parents le bonheur dont ils jouissent.» Madeleine de Puisieux ; Les conseils à une amie (1751)

«Un jour, vous serez pères et mères, et vous aurez droit d'attendre de vos enfants, ce que vous-mêmes aurez fait de bien pour les auteurs de vos beaux jours.»
Citation de la Grèce ; Le livre des sentences grecques (1876)

«Ce qui fait la vraie valeur d'un être humain, c'est de s'être délivré de son petit moi.»
Le mathématicien, physicien et scientifique Albert Einstein (1879 – 1955)

«Les étiquettes divisent et les valeurs rassemblent.»
François Bayrou ; Meeting d'Annecy- 9 mars 2007

«Une valeur est une norme de conduite personnelle ou sociale relevant de la morale ou de l'éthique, de la politique, de la spiritualité ou encore de l'esthétique.» Wikipédia

«Il ne peut y avoir de réelle amitié qu'entre ceux qui ont d'abord foi dans les mêmes valeurs.»
Le philosophe et scientifique Louis Lavelle (1883 – 1951)

«Avoir des valeurs, c'est avoir des principes qui viennent de l'éducation parentale, de l'école ou de la société en général.»
   Auteur anonyme

«La responsabilité, la discrétion, l'honnêteté, le respect des biens d'autrui, la pudeur, l'originalité telles sont mes valeurs.» Anonyme

«La valeur morale d'un homme peut se mesurer à la part qu'il fait aux autres dans sa vie.»
Eugène Marbeau ; Les remarques et pensées (1901)

«La valeur sociale de chacun, c'est sa valeur utile. Demande-toi à qui et à quoi tu sers et vraisemblablement tu t'irriteras moins.»
Henri-Frédéric Amiel ; Grains de mil (1854)

«Les valeurs d'une société représentent ce qui est estimable et désirable aux yeux de tous. Elles constituent donc bien un idéal, c'est- à-dire une vision abstraite qui s'impose à tous comme une évidence, et que l'on respecte profondément. Par exemple, le respect de la personne est une valeur fondamentale au sein des sociétés démocratiques.» SES. Webclass

«La bonté, le bénévolat, l'honnêteté, la solidarité sont des vertus souhaitées dans n'importe quel pays ou région. Donc ce sont des valeurs universelles» Le dico des définitions; 6 novembre 2013)

«Les valeurs sont des principes de conduite et de jugement partagés au sein d'une société, selon ce qui est bien et mal.»
Lintern@ute

« Par valeurs humaines, nous voulons dire les valeurs qui nous permettent de vivre et montrer notre humanité, c'est-à-dire nos sentiments de respect, de considération, d'appréciation et d'empathie pour d'autres humains.» Graines de la Paix ;
solutions éducatives pour la paix sociétale

«Les valeurs du verbe "être" sont supérieurs aux valeurs du verbe "avoir".»
François Bayrou ; Penser le changement

«Les valeurs dites étiques sont celles qui nous édictent une conduite qui respecte autrui, c'est à dire les autres humains, et qui ne leur portent pas tort. Le respect du règne animal et végétal peut aussi en faire partie.»
Graines de la Paix ; solutions éducatives pour la paix sociétale

«Les valeurs morales sont les lois, les injonctions extérieures - et les règles, soit que notre religion nous prescrit, soit que nous nous donnons personnellement - qui édictent ces conduites de respect de l'autre, de son intégrité physique et mentale, et de sa vie. Elles évoquent la même chose que les valeurs dites éthiques, mais aujourd'hui, les discours "moralisants" sont mal perçus. Les valeurs éthiques et encore plus les valeurs humaines sont perçues beaucoup plus positivement, peut-être parce que on se sent soi-même concerné. On désire très fortement que les autres soient "humains" avec nous.»
Graines de la Paix ; solutions éducatives pour la paix sociétale

«Ces valeurs humaines sont nombreuses et peuvent se décliner de multiples manières. Elles résident notamment dans le respect, l'acceptation, la reconnaissance, la considération, l'écoute, l'ouverture, la coopération, le civisme, l'honnêteté, l'action juste, le partage, la fraternité et l'empathie envers d'autres humains. C'est avec ces valeurs humaines qu'il devient réellement possible de mettre en pratique ses valeurs morales, telles que la justice, l'intégrité et le refus de la violence. En développant ces valeurs humaines, nous pouvons vivre ensemble en bonne harmonie et contribuer personnellement à la paix.»
Graines de la Paix ; solutions éducatives pour la paix sociétale

33- L'EXPÉRIENCE

«L'expérience, c'est ce qui nous permet de reconnaître une erreur quand nous la recommençons. »
Franklin P. Jones

«La sagesse est fille de l'expérience.»
L'artiste, ingénieur, architecte et peintre Léonard De Vinci

«L'expérience est le nom que chacun donne à ses erreurs.»
Oscar Wilde

«L'expérience ne produit aucun fruit, si la réflexion ne la rend pas utile.» David Augustin de Brueys ; Les amusements de la raison (1721)

«L'expérience, c'est de se dire : Mon Dieu, que j'ai été... bête !»
Tristan Bernard ; L'esprit de Tristan Bernard (1925)

«L'expérience est le fruit de la douleur et des larmes.»
Properce ; Livre I, élégie 9 (vers 25 av. J.-C.)

«Les hommes ne se détrompent que par l'expérience.»
Malesherbes ; Les pensées et maximes (1721-1794)

«Qui ne profite point de l'expérience restera un enfant toute sa vie.» Nicolas Massias ; Les pensées et réflexions morales (1848)

«Une seule expérience suffit à un homme d'esprit, parce qu'elle germe dans sa tête, et qu'elle y repasse sans cesse ; il en faut mille à un sot avant qu'il se corrige.»
Madame Necker ; Les maximes et pensées inédites (1794)

«L'expérience qui ne nous fait pas meilleurs nous rend plus coupables.» John Petit-Senn ; Les bluettes et boutades (1846)

«L'expérience s'achète par le malheur. »
Honoré de Balzac

«L'expérience s'achète toujours, et souvent à un prix douloureux.» Henri-Frédéric Amiel ; Journal intime, le 19 février 1864.

«L'expérience est le bon sens de ceux qui n'ont pas de jugement.» Hyacinthe de Charencey ; Les pensées et maximes diverses (1888)

«L'expérience nous enseigne à être prudent ; le jugement seul nous apprend à être sage.»
Hyacinthe de Charencey ; Les pensées et maximes diverses (1888)

«Nos expériences pleurent le prix de leur sagesse.»
Anne Barratin ; De toutes les paroisses (1913)

« Écouter avec joie les conseils et les remontrances des personnes plus âgées, est la marque d'un esprit bien fait qui aspire à la perfection. Faites-vous toujours un honneur et un devoir de prendre et de suivre les bons conseils de ceux qui ont plus de sagesse et d'expérience que vous.»
Jean-Baptiste Blanchard ; L'école des mœurs (1772)

34- LA TENDRESSE

«Les larmes sont l'expression de la tendresse, elles sont à l'amour ce que les pluies d'été sont aux fleurs : elles le nourrissent et le raniment.»
Philippe-Auguste de Sainte-Foy ; Mes loisirs, ou pensées diverses (1755)

«La tendresse fraternelle est l'un des sentiments les plus doux, les plus élevés qu'il nous soit donné d'éprouver.»
Diane de Beausacq; La civilité non puérile, mais honnête (1863)

«Je suis un affamé de tendresse et d'amour.»
Henri-Frédéric Amiel ; Journal intime, le 6 octobre 1869.

«La tendresse est porteuse d'élans de bienveillance, elle vibre d'une intensité de l'attention et d'une écoute qui touchent au plus profond celui ou celle qui va la recevoir. Dans un couple, c'est un des ciments les plus précieux pour maintenir deux êtres ensemble dans la durée.»
Jacques Salomé ; J'ai encore quelques certitudes (2015)

«La tendresse est une qualité de la relation, faite d'abord de présence, une présence réelle, proche, attentionnée, tournée vers l'autre. La tendresse va se dire avec des gestes affectueux, spontanés, des câlins non envahissants, des mots doux qui s'appuient sur un vécu réel, des mots liés à l'ici et maintenant d'une situation.»
Jacques Salomé ; J'ai encore quelques certitudes (2015)

«La tendresse est l'une des rares choses sur terre qui s'agrandit en se partageant.»
Jacques Salomé ; J'ai encore quelques certitudes (2015)

«L'amour d'une femme pour un homme doit ressembler à la tendresse d'une mère pour son enfant.»
George Sand ; Jacques (1834)

«La tendresse supporte mal l'absence.»
Félix Lope De Vega ; Les travaux de Jacob (1630

«Il n'y a que la tendresse qui puisse égaler le respect.»
Victor Hugo ; Les lettres à la fiancée, À Adèle (1821)

«La tendresse c'est mon regard émerveillé sur ce que tu me donnes, c'est ton regard ébloui sur ce que je reçois.»
 Jacques Salomé ; ; Bonjour tendresse (1992)

«La tendresse d'une femme aimante communique à l'être aimé un magnétisme secret.» Henri-Frédéric Amiel ; Journal intime (1866)

«La tendresse n'est pas un sentiment, c'est une qualité de regard, une qualité d'écoute, de contact, de sourire.»
 Jacques Salomé ; Pourquoi est-il si difficile d'être heureux (2007)

«Qui refuse sa tendresse n'est pas digne de recevoir la tendresse des autres.» Jean-Baptiste Massillon ; Les maximes et pensées (1742)

«La tendresse est le repos de la passion.»
Joseph Joubert ; Des passions et affections de l'âme, LIII (1866)

35- LES BAISERS ET LES CÂLINS

«Un baiser de tendresse est tout un discours condensé en un seul souffle.» Henri-Frédéric Amiel ; Journal intime, le 25 juin 1865.

«Un baiser est toujours le prix de la tendresse.»
Voltaire ; Poésies mêlées, XXI, À mademoiselle ** (1728)

«Un baiser sans câlin est comme une fleur sans parfum.»
Proverbe maltais

«Seule la forme du baiser sépare l'amour de l'amitié.» Maxalexis ; L'amour et l'amitié (2001)

«Long baiser sur les lèvres, bonheur délicieux, extase sans pareille.» Sacha Guitry ; Comment on écrit l'histoire (1920)

«L'amour, quand il est intense et passionné, n'a souvent pas d'autre langage que les baisers.»
Henri-Frédéric Amiel ; Journal intime, le 25 juin 1865.

«Un baiser n'engage pas, l'amour n'a rien à voir avec ces divertissements.» Marcel Jouhandeau ; Aux cent actes divers (1971)

«Mêlons nos souffles, échangeons nos baisers ! que notre amour déborde !»
Johann Wolfgang von Goethe ; La fiancée de Corinthe (1797)

«Les querelles d'amour s'éteignent toujours dans un baiser.»
Adolphe Ricard; L'amour, les femmes et le mariage (1857)

«Les femmes sont nées pour être aimées et câlinées, et non pas pour souffrir.»
   Hyppolite de livry; Les pensées et réflexions (1808)

«Le câlin est le seul qui apaise les gros chagrins.»
Jean Gastaldi ; Le petit livre de maman, 58 (2003)

«L'amour est délicat, ma petite : un rien le froisse ; tout dépend, sache-le, du tact de nos câlineries.»
Guy de Maupassant ; Le baiser, le 14 novembre 1882.

«Parfois, pour passer une bonne journée, on a juste besoin d'un gros câlins pour oublier nos problèmes.» L'accueillante scolaire Lume

«Les Câlins ne sont pas seulement délicieux, ils sont nécessaires.» Kathleen Keating

«Le câlin n'a pas d'heure. Il est salutaire de jour comme de nuit.» Kathleen Keating

«Te faire un câlin est une façon de dire je t'aime sans le dire.» Fred Abadie-gasquin Martin

«Les câlins ont été inventés afin que vous puissiez faire savoir aux gens que vous les aimez sans avoir à dire le moindre mot.»
   Bil Keane

«Le câlin est un excellent signe d'affection...Il fait toujours du bien...Il témoigne, l'amour, l'amitié, le réconfort ou une réponse à un besoin.»
   Auteur anonyme

36- LE SAVOIR-VIVRE, LE SAVOIR-ÊTRE ET LE SAVOIR-FAIRE

«Le savoir-vivre, c'est la façon heureuse de faire les choses.»
Ralph Waldo Emerson ; La conduite de la vie (1860)

«Il est toujours trop tard pour savoir naître ; il n'est jamais trop tard pour savoir-vivre.» Georges Elgozy ; Le Paradoxe des technocrates (1966)

«Le vrai du vrai c'est la bonté, et ne savoir pardonner c'est ne pas savoir vivre.»
Henri-Frédéric Amiel; Journal intime, le 28 juin 1873.

«Le mérite le plus essentiel d'un homme auprès des femmes sages et honnêtes, c'est une grande politesse ; très peu de femmes seraient capables de choisir pour ami un homme à qui rien ne manquerait du côté de l'esprit et du cœur, mais qui n'aurait pas ces dehors agréables, ces manières nobles, aisées, qu'on appelle l'air du monde et le savoir-vivre.»
Jean Baptiste Blanchard; Les maximes de l'honnête homme (1772)

«Le meilleur diplôme est le savoir-vivre.»
L'auteur-compositeur-interprète et poète Félix Leclerc

«La bonté est le principe du tact, et le respect pour autrui la condition première du savoir-vivre.»
Henri-Frédéric Amiel; Journal intime, le 24 août 1879

«Savoir-vivre, c'est mettre en valeur sa vie par une activité que rien ne rebute et n'arrête, et trouver sa joie au travail, et non au succès.»
Henri-Frédéric Amiel ; Les fragments d'un journal intime (1821-1881)

«Il faut avoir beaucoup de vertus pour savoir vivre avec les gens qui en ont peu.»
Citation de la chine; Les sentences et adages et morales chinoises (1782)

«Se taire quand il le faut, et parler utilement; voilà le savoir-vivre.»
Citation de la Grèce; Maximes de la Grèce antique, 172 (1855)

«Le savoir-vivre est l'art de ne pas montrer trop vite son savoir-faire.» Georges-Armand Masson

«Vivre, c'est bien. Savoir vivre c'est mieux. Survivre c'est sans doute le problème des hommes de demain.»
Roger Molinier ; L'écologie à la croisée des chemins

«Le savoir-vivre est la somme des interdits qui jalonnent la vie d'un être civilisé, c'est à dire coincé entre les règles du savoir-naître et celles du savoir-mourir.»
Pierre Desproges; Fonds du tiroir

«Pour savoir écrire, il faut avoir lu, et pour savoir lire, il faut savoir vivre.» Guy Debord

«Trois savoirs gouvernent le monde : le savoir, le savoir-vivre et le savoir-faire, mais le dernier souvent tient lieu des deux autres.»
Charles Cahier; 2228 proverbes rassemblés en divers pays (1854)

«C'est le savoir faire qui compte.»
Proverbe guadeloupéen

«On plaît avec du savoir-vivre; on réussit avec du savoir-faire.»
Jean-Napoléon Vernier ; Les fables, pensées et poésies (1865)

«Pour gagner du bien, le savoir-faire vaut mieux que le savoir.»
Pierre-Auguste Caron de Beaumarchais ; Le Barbier de Séville

«Le savoir ne mène à rien, le savoir-faire mène à tout.»
Cécile Fée ; Les maximes et pensées (1832)

«Le savoir-faire contribue plus encore à la célébrité que le savoir.»
Goswin de Stassart ; Les pensées et maximes (1780-1854)

«Savoir, et ne point faire usage de ce qu'on sait, c'est pire qu'ignorer.»
Alain ; Les propos sur l'éducation (1932)

«Le savoir-faire est la fortune de l'esprit, tandis que le savoir-vivre en est la richesse.»
Jacques Caron

«Le savoir-faire ne vaut pas l'expérience, dix gendres ne valent pas un beau-père.» Proverbe Thaï

«L'enseignement: apprendre à savoir, à savoir-faire, à faire savoir. L'éducation: apprendre à savoir-être.»
L'Artiste, écrivain et journaliste Louis Pauwels (1920 – 1997)

«L'art de réussir consiste à savoir faire travailler les autres.»
Alice Parizeau ; Fuir

«Notre qualité d'être est donc primordiale dans l'éducation: elle donne la tonalité à nos messages, elle conditionne nos relations aux autres, elle est un facteur de réussite ou non pour les enfants…»
Caroline Sost présidente de l'association Savoir-être et éducation, Living School

«Le savoir-être, c'est l'ensemble de nos dispositions de bases, de nos qualités et de nos défauts. C'est ce qui est constitutif de notre personnalité, entre autre : nos attitudes, nos croyances, les intentions qui sous-tendent nos comportements et aussi notre dimension de conscience ou de manque de conscience, notre capacité d'ouverture ou, au contraire, de fermeture…»
Caroline Sost présidente de l'association Savoir-être et éducation, Living School

«Tous nos savoirs et nos savoir-faire sont teintés de notre qualité d'être. Une seule qualité ou absence de qualité dans notre savoir-être impacte l'ensemble de nos savoir-faire et de nos réalisations.»
Caroline Sost présidente de l'association Savoir être et éducation, Living School

37- ÊTRE LE MEILLEUR ET LE DON

«Cherchez au fond de vous ce que vous croyez être le meilleur et votre vie aura un sens.»
Geneviève De Gaulle-Anthonioz, descendante de célébrité, Résistante (1920 – 2002)

«Ça ne sert à rien d'être le meilleur, ce qui est important c'est d'être bon.» L'acteur et artiste Christophe Malavoy

«Essayer de faire plaisir à tout le monde est impossible – si vous faisiez cela, vous vous retrouveriez au milieu sans que personne ne vous aime. Vous devez juste décider de ce que vous pensez être le meilleur et le faire.»
L'artiste, chanteur, compositeur, musicien et parolier John Lennon

«En élevant ses pensées et ses regards vers le ciel, on se trouve tout à la fois meilleur et plus heureux.»
Goswin de Stassart ; Les pensées et maximes (1780-1854)

«Ne méprisons jamais, car, aux vices qui nous sont communs avec les vices de ceux que nous méprisons, nous ajoutons souvent le pire de tous : l'orgueil de nous croire meilleurs.»
Auguste Guyard ; Quintessences (1847)

«Conversez avec les gens de bien, et vous deviendrez meilleur de jour en jour.»
Citation de la Perse ; Les sentences et pensées persanes (1793)

«Tout homme, même le meilleur, a en lui une dureté irréfléchie.»
Victor Hugo ; Les misérables (1862)

«Le don de la force mentale vient de Dieu. Être Divin, et si l'on concentre son esprit sur cette vérité, nous devenons accordés (comme un instrument) avec ce grand pouvoir. Ma mère m'a appris à rechercher toute vérité dans la Bible.»
L'Ingénieur, inventeur, physicien et scientifique Nikola Tesla

«La promesse a des jambes; seul le don a des mains.»
Proverbe allemand

«Quand une femme a le don de se taire, Elle a des qualités au-dessus du vulgaire.»
L'artiste, écrivain et poète Pierre de Corneille (1606 – 1684)

«A tout être humain ont été concédées deux qualités : le pouvoir et le don. Le pouvoir conduit l'homme à la rencontre de son destin ; le don l'oblige à partager avec les autres ce qu'il y a de meilleur en lui.» Paulo Coelho

«Un don sans amour ne vaut guère mieux qu'un refus, quand bien même il donnerait tous les diamants de l'Asie.»
Vladimir Jankélévitch ; Le Je-ne-sais-quoi et le presque rien (1980)

«On plaît moins dans la vie par la beauté que par les dons du cœur.» Marceline Desbordes-Valmore ; Les conseils à Emma (1830)

«Le plus petit présent de la part d'un ami est un don.»
Epicharme; Les fragments – VIe s. av. J.-C.

«Le don le plus nécessaire, savoir à-propos se taire.»
Voltaire ; Lettre à M. Le comte de Tressan

«Le plus magnifique don qu'aux mortels on puisse faire, c'est l'amour.»
Jean de la Fontaine ; Daphné, Prologue (1674)

CONCLUSION

Hommage à ces femmes et hommes de lettres, à ces femmes et hommes d'État, à ces femmes et hommes de loi, à ces femmes et hommes d'esprit, à ces hommes et femmes d'affaires, à ces artistes et acteurs qui nous ont aidé à avoir une certaine idée de ce que nous aimons le plus.

Table des matières

INTRODUCTION 7
1- DIEU ET L'AMOUR 8
2- LA VIE ET LE BONHEUR 12
3- LE MARIAGE ET LA FAMILLE 14
4- L'ÉDUCATION, LA RECONNAISSANCE ET LE TALENT 16
5- LE RESPECT, LA POLITESSE ET LA CONSIDÉRATION 22
6- LA LIBERTÉ ET LA JOIE 24
7- LA RELATION ET L'AMITIÉ 26
8- LE TRAVAIL ET L'APPRENTISSAGE 28
9- LA RÉUSSITE ET LE SUCCÈS 30
10- L'INTÉGRITÉ ET LA RÉPUTATION 32
11- LA COMMUNICATION ET L'HONNÊTETÉ 34
12- LA FORCE ET LA PUISSANCE 38
13- L'AIDE ET LE SERVICE 40
14- LA CONFIANCE ET L' APPRÉCIATION 42
15- LA GRANDEUR ET LE POUVOIR 44
16- LE CŒUR ET LA DOUCEUR 48
17- L'HÉRITAGE ET L'AVENIR 52
18- LA RICHESSE ET L'INFLUENCE 54
19- L'ÉCOUTE ET ÊTRE HEUREUX 56
20- L'HOMME ET LA FEMME 60
21- LE TEMPS, L'OR ET L'ARGENT 64

22- LA CONNAISSANCE ET LE SAVOIR 68
23- L'ENCOURAGEMENT ET LE RÉCONFORT 70
24- LE DÉVELOPPEMENT, LE RAJEUNISSEMENT ET RESTER JEUNE 72
25- LA SANTÉ ET LA PAIX 76
26- LA BEAUTÉ ET L'APPARENCE 80
27- FAIRE LE BIEN 84
28- LES ENFANTS 86
29- LE CHARME ET LE CHARISME 88
30- LE MANGER ET LE BOIRE 93
31- LE SOMMEIL ET LE REPOS 97
32- ÊTRE PARENTS ET LES VALEURS 101
33- L'EXPÉRIENCE 106
34- LA TENDRESSE 108
35- LES BAISERS ET LES CÂLINS 110
36- LE SAVOIR-VIVRE, LE SAVOIR-ÊTRE ET LE SAVOIR-FAIRE 112
37- ÊTRE LE MEILLEUR ET LE DON 116
CONCLUSION 119